OEUVRES
COMPLÈTES
DE BERQUIN.
10

PARIS, IMPRIMERIE DE E. POCHARD,
RUE DU POT-DE-FER, N. 14.

Eh bien, mes petits amis, qu'en dites-vous ?
n'est-ce pas un endroit charmant ?

OEUVRES
COMPLÈTES
DE BERQUIN

NOUVELLE ÉDITION
REVUE ET CORRIGÉE
PAR M. F. RAYMOND

AVEC UNE NOTICE SUR BERQUIN

PAR

M. BOUILLY
Auteur des *Conseils à ma Fille*, etc.

Ornée de quarante jolies Gravures.

INTRODUCTION FAMILIÈRE.

PARIS
MASSON ET YONET, LIBRAIRES,
RUE HAUTEFEUILLE, N° 14.

1829

PRÉFACE

ADRESSÉE AUX PARENS.

Tous les livres élémentaires que l'on a composés jusqu'à ce jour, pour faciliter aux enfans l'étude de la nature, supposent en eux les premières connaissances de ses lois et de ses productions. Mais ces premières connaissances, comment pourraient-ils les avoir acquises, s'il n'existe aucun ouvrage où l'on ait cherché à leur en offrir les objets dans un tableau qui, sans fatiguer leur vue encore mal assurée, eût un intérêt propre à captiver leurs regards inconstans ? Toutes leurs idées à ce sujet ne peuvent donc porter que sur des instructions rapides, qui, données sans suite et de vive voix, n'ont dû laisser que de faibles traces dans leur souvenir. Un livre où ces instructions leur seraient présentées avec ordre, dans une gradation adaptée à celle de leur curiosité et au progrès du développement naturel de leur intelligence, dont le langage serait assez familier et le ton assez agréable pour leur inspirer souvent le désir d'en reprendre la lecture, et pour graver ainsi dans leur mémoire les traits dont ils sont frappés; un tel livre serait assurément l'un des plus utiles pour le premier âge. Tel est le caractère que j'ai cru remarquer dans l'ouvrage de mistriss Trimmer, persuadé comme elle que les enfans qui auront pris plaisir à marcher jusqu'au point où elle s'est proposé de les conduire seront animés de la plus vive ardeur pour s'avancer à grands pas vers de plus hautes connaissances.

Comme ce point est précisément celui d'où j'ai dessein de partir, j'ai cru devoir préparer mes petits compagnons par un premier exercice de leurs forces qui leur en fasse acquérir de nouvelles, et par la perspective du paysage riant que nous allons parcourir. Avant de les engager dans une terre étrangère, je suis bien aise qu'ils connaissent de mieux en mieux celle où ils ont vécu jusqu'à ce jour, et qu'ils soient bien pénétrès des merveilles placées à la portée de leur vue, mais dont quelques-unes avaient sans doute échappé à leurs regards.

Ce livre, qui est uniquement destiné à l'enfance, aurait trompé l'attente des personnes dont quelques-unes m'ont gracieusement témoigné qu'elles avaient jusqu'ici partagé le plaisir que je cherchais à procurer à leur jeune famille. Cette considération m'engage à l'offrir séparément en cadeau à mes petits amis. De cette manière, ils pourront profiter d'un ouvrage utile; et leurs parens n'auront point de reproches à me faire d'avoir négligé leur propre amusement dans un livre où ils n'avaient pas droit d'attendre que je m'en fusse occupé, comme dans les autres volumes. J'ose me flatter que les mères surtout pourront prendre quelque intérêt à *l'Ami de l'Enfance,* par l'idée qui m'est venue d'y introduire, parmi les personnages, une jeune femme dont l'éducation a été négligée, mais qui, douée d'un esprit solide et pénétrant, profite des instructions adressées à sa fille pour orner elle-même son esprit, et acquérir des connaissances qu'on avait crues trop long-temps étrangères à son sexe.

INTRODUCTION

FAMILIÈRE

A LA CONNAISSANCE DE LA NATURE.

Nous voici donc enfin arrivées à la campagne, ma chère Charlotte, et puisque nous sommes si bien disposées à faire ensemble de petites promenades pour fortifier notre santé par un exercice agréable, j'ai pensé qu'il serait facile de les faire servir également à étendre nos connaissances. Il n'est pas un seul objet sur la terre qui ne puisse offrir autant d'instruction que d'agrément, lorsqu'on sait l'examiner avec soin ; et je suis persuadée que nous sentirons bientôt, par nos observations, que rien n'a été fait en vain dans la nature.

Henri, votre frère, n'est encore qu'un bien petit garçon, il est vrai ; mais il est plein d'intelligence, et doué d'une heureuse mémoire. J'espère qu'il sera en état de comprendre beaucoup de choses dont nous aurons occasion de parler ; c'est pourquoi j'ai le projet de le mettre de la partie. Oh ! je meurs d'envie de le voir aujourd'hui. Il vient de quitter les premiers habillemens de l'enfance ; et j'ose croire qu'il est déjà tout fier de cette métamorphose. Mais qui vient donc à nous? Votre servante, monsieur. Comment, c'est vous, Henri? Comme vous voilà leste et pimpant! Je ne pouvais deviner quel était ce petit-maître que je voyais s'avancer d'un air si délibéré. Maintenant que vous êtes habillé comme un homme, je me flatte que vous commencez à imaginer que vous en êtes un en effet. Mais quoique vous sachiez déjà lire assez joliment, fouetter une toupie, et pousser une balle, je vous assure qu'il vous reste encore beaucoup de choses à apprendre. Je serais charmée de vous faire part de tout ce que je sais. Nous allons votre sœur et moi, faire un petit tour de promenade dans les champs. Seriez-vous fâché de venir avec nous? Bon! je vois à votre mine que vous ne demandez pas mieux, n'est-ce pas?

Vous vous souvenez, mes chers enfans, que, dans notre petite course d'hier au soir, je vous fis observer une grande variété de plantes et de fleurs. Je vous montrai les troupeaux qui couvraient les pâturages, et les oiseaux qui voltigaient de branche en branche sur les buissons. Je vous dis le nom de tout ce qui frappait nos regards. Mais il y a un plus grand nombre de choses agréables à connaître à leur sujet. Mon dessein est de commencer à vous instruire aujourd'hui, tout en nous promenant. Charlotte va se disposer à cette expédition; aussi prenez votre chapeau, mon petit Henri. Nous irons d'abord dans la prairie, où je suis sûre qu'il se présentera bientôt quelque chose digne de notre curiosité.

LA PRAIRIE.

Eh bien, mes petits amis, qu'en dites-vous ? N'est-ce pas un endroit charmant ? Quel air de fraîcheur on y respire ! Comme l'herbe en est épaisse et verdoyante ! et de combien de jolies fleurs elle est émaillée !

Je n'ai pas besoin de vous dire quel est l'usage de cette herbe, qu'on appelle ordinairement gazon : vous avez vu si souvent les vaches, les cheveaux et les brebis s'en repaître ! mais ils ne la mangent pas toute sur la prairie; on leur réserve certains quartiers pour le pâturage, et on les éloigne des autres aussitôt que l'herbe commence à grandir. Elle n'atteint sa parfaite maturité qu'au mois de juin, ce que l'on reconnaît à la couleur jaune qu'elle prend. Alors les faucheurs la coupent avec un instrument de fer recourbé, qu'on nomme une faux; ensuite viennent des faneurs qui la tournent et la retournent avec des fourches de bois, en l'étalant sur la terre pour la faire sécher au soleil. Elle prend alors le nom de foin. Dès que le foin a perdu toute son humidité, et qu'il n'y a plus de danger qu'il s'échauffe, on le ramasse avec des râteaux, et en l'emporte sur des chariots dans la cour de la ferme, où il est entassé en grands monceaux, qu'on appelle meules.

C'est de ces meules énormes que l'on tire le foin pour le lier en milliers de bottes, et le donner aux chevaux que l'on tient à l'écurie. Il sert aussi dans l'hiver à nourrir les bestiaux; car alors y a bien peu de gazon pour eux sur la terre, et encore moins lorsqu'elle est couverte de neige. Tout cela vient de petites graines qui ne sont plus grosses que des têtes d'épingles; et les graines sont venues de fleurs que vous pouvez remarquer à présent à l'extrémité de la tige.

Dans une prairie où l'on fauche le foin, il se détache toujours un grand nombre de graines, qui, l'année suivante, produisent le gazon; mais, si l'on veut faire une prairie dans une pièce de terre neuve, il faut recueillir les graines pour les semer.

Ces jolies fleurs dont vous venez de faire un bouquet, Charlotte, viennent égalemont de graines qui se trouvaient mêlées parmi celles du foin. Voilà des boutons d'or, des coquelicots et des marguerites de pré. Ces fleurs sont bonnes pour les bestiaux, et servent à donner un goût agréable au gazon. Il y en a même qui sont médicinales, c'est-à-dire bonnes à composer des remèdes pour une infinité de maladies auxquelles nous sommes sujets.

Ne pensez-vous pas Henri, que le gazon, dont la douce verdure embellit tant les campagnes, est en même temps une production bien utile? Je suis sûre que les pauvres animaux le diraient encore mieux que nous, s'ils étaient en état de parler. Ils n'ont pas de cuisinier pour préparer leurs repas; ils ne peuvent pas même faire comprendre ce qui leur est nécessaire. Mais Dieu a su pourvoir à leurs besoins. Vous voyez que leur nourriture s'étend sous leurs pieds et qu'ils n'ont qu'à se baisser pour la prendre. S'il en coûte à l'homme des soins légers pour la faire venir, c'est bien le moins qu'il donne quelques-uns de ses momens à ces utiles animaux, dont les uns lui épargent tant de fatigues, et dont les autres le vêtissent de leur laine et le nourrissent de leur chair.

LE CHAMP DE BLÉ.

Maintenant nous allons prendre congé de la prairie, et faire un tour dans le champ de blé. Il y en a de plusieurs espèces. Celui-ci est du froment. Je le reconnais à la hauteur de ses tiges. J'espère que nous en aurons une abondante récolte. Elle sera bonne à ramasser dans le mois d'août, qu'on appelle le mois des moissons. J'ai mis dans ma poche un épi de l'année dernière, pour vous montrer tout ce que ceci produira. Froissez-le dans vos mains, Henri. Bon! soufflez à présent les barbes, et donnez-moi un des grains. Voilà ce qu'on appelle un grain de froment. Vous voyez qu'il y a plusieurs grains dans un épi : eh bien, regardez maintenant le pied, vous verrez qu'il vient quelquefois plusieurs tiges, et par conséquent plusieurs épis d'une seule racine, cependant toute cette racine provient d'un seul grain qu'on a semé à la fin de l'automne.

Cette semence n'a pas été jetée au hasard, et sans beaucoup de soins particuliers. On avait commencé par ouvrir la terre en sillons, quelques mois auparavant, avec ce fer tranchant que je vous ai fait remarquer au-dessous de la charrue. Elle est restée en repos tout l'été, et s'est bien pénétrée du fumier qu'on avait répandu sur les guérets pour l'engraisser; puis on l'a de nouveau labourée. Enfin, vers le milieu de l'automne, un homme est venu dans chaque sillon y répandre des grains, et tout de suite, avec sa herse, il les a recouverts de terre. Ces grains étant enflés et ramolis par l'humidité, il en est sorti par en bas de petites racines, qui se sont accrochées dans le sein de la terre, et, par en haut, de petits tuyaux qui ont percés sa surface en plusieurs branches, de la manière que vous pouvez le remarquer. Ces tuyaux, montés en haute tige, ont produit les épis, dont chacun renferme à peu près vingt grains; en sorte que, si vous comptez, d'après ce calcul, tout le produit des grains dont la semence a réussi, vous trouverez qu'il peut en être venu environ vingt fois autant que l'on en a mis dans la terre. Les épis, cachés encore dans ces tiges, se développeront peu à peu, se mûriront au soleil, et ressembleront à celui que vous venez de froisser. Alors on coupera par le pied, avec une faucille, les tiges de paille qui les supportent, et on les liera en paquets, appelés gerbes, pour les emporter dans la grange, les battre avec un fléau, et les vanner, pour séparer les débris de paille du grain. On enverra celui-ci au meunier pour le moudre en farine sous la grosse meule de son moulin à eau ou à vent. Ensuite la farine sera vendue au boulanger pour en faire du pain, et au pâtissier pour en faire des biscuits et des pâtés.

Imaginez, mes amis, quelle immense quantité de blé on doit semer tous les ans, pour fournir du pain à tant de milliers d'hommes! Le pain est l'aliment le plus sain et le moins cher qu'on puisse se procurer. Il y a beaucoup de pauvres gens qui n'ont guère d'autre nourriture, et qui n'en ont pas toujours.

Le blé ne viendrait pas, comme le foin, sans être ensemencé, parce que le gain en est plus gros, et doit être enfoncé plus profondément dans la terre. Je vous ai dit tout à l'heure les divers travaux que demandaient les semailles.

Voici une autre espèce de blé qu'on appelle de l'orge. Je vous en ai aussi apporté un épi, pour vous le faire distinguer du froment. Voyez-vous comme il a des barbes longues et fourrées? Gardez-vous bien, Henri, de le mettre dans la bouche, car il s'arrêterait à votre gosier, et vous étoufferait. L'orge est semée et recueillie de la même manière que le froment ; mais elle ne fait pas de si bon pain. Elle est cependant fort utile. Les fermiers la vendent par boisseaux aux marchands de drêche, qui la font tremper dans l'eau pour la faire germer. Alors on la sèche sur de la cendre chaude, et elle devient drêche. On y verse une grande quantité d'eau, puis on y mêle du houblon, qui lui donne un goût agréable d'amertume, et l'empêche de s'aigrir. Enfin, en brassant ce mélange, on en fait de la bière, cette liqueur forte et nourrissante qui fait la boisson ordinaire dans plusieurs pays où il ne croît pas de vin. L'orge est aussi fort bonne pour nourrir les dindes, les poules et d'autres oiseaux de basse-cour.

Je vous ai parlé du houblon. Il croît dans les champs qu'on appelle houblonnières. Sa tige monte le long des perches qu'on lui donne pour la soutenir. Ses fleurs, d'un jaune pâle, font un effet charmant dans la campagne. Quand il est mûr, on le fait sécher; on en fait des monceaux, ou le vend aux brasseurs.

Cette troisième espèce de blé est de l'avoine. Vous avez vu souvent le palefrenier en servir aux chevaux pour les régaler et leur donner du feu. C'est une espèce de dessert qu'on leur présente après le foin.

Il y a aussi une autre espèce de blé, qu'on nomme seigle, qui sert à faire le pain bis que mangent les pauvres. On le mêle quelquefois avec du froment, et il donne alors du pain d'un goût assez bon.

Il y a bien des pays qui ne produisent pas de blé pareil à celui qui vient dans nos contrées. Par exemple, le blé qu'on nous a apporté de Turquie est bien différent du nôtre. Sa tige est comme celle d'un roseau avec plusieurs nœuds. Elle monte à la hauteur de quatre ou cinq pieds. Entre les jointures du haut de sa tige sortent des épis de la grosseur de votre bras, qui renferment un grand nombre de grains jaunes ou rougeâtres, à peu près de la figure d'un pois aplati. La volaille en est très-friande. On le cultive avec succès dans quelques provinces de France, surtout dans les landes de Bordeaux, où il sert à faire du pain pour les misérables habitans.

Vous connaissez aussi bien que moi le millet que l'on donne aux oiseaux. Il vient en forme de grappes, sur des tiges plus courtes et plus menues que celles du froment. La farine en est excellente, cuite avec du lait.

Je vous ferais venir l'eau à la bouche si je vous parlais du riz, que l'on prépare aussi avec du lait. Mais croiriez-vous qu'il a besoin d'être presque couvert d'eau pour croître et pour mûrir?

Dans les pays où la terre n'est pas propre à produire du gain, les pauvres habitans sont réduits à se nourrir de fruits, de racines, de gâteaux de pommes de terre, ou d'une pâte de marrons cuits au four. On est même quelquefois obligé, dans les pays les plus fertiles, d'avoir recours à ces tristes alimens lorsqu'il survient des années de stérilité. Deux bons citoyens, MM. Parmentier et Cadet de

Vaux, ont enseigné la meilleure manière de les préparer.

Quelles grâces, mes enfans, nous devons rendre à Dieu, nous qui n'avons jamais éprouvé ces cruels besoins ! J'espère que vous serez touchés de cette réflexion, et que vous vous ferez un devoir de ne jamais gaspiller ce qui ferait la joie de tant de malheureux. Les miettes mêmes que vous laissez tomber, si elles étaient ramassées, pourraient fournir un bon repas à un petit oiseau, et le rendre joyeux pour toute la journée. Comme il s'empresserait de les partager entre ses petits, qui ouvrent inutilement leur bec, tandis que leurs parens volent au loin pour leur chercher quelque nourriture ! J'étais bien fâchée hier au soir contre vous, Henri, lorsque vous faisiez des boulettes de pain pour les jeter à votre sœur. J'ose croire que vous ne le ferez plus, maintenant que je vous ai fait connaître le prix de ce présent inestimable du ciel. J'ai vu des personnes, qui avaient prodigalement gâté du pain pendant leur enfance, pleurer, dans un âge avancé, faute d'en avoir un morceau.

LA VIGNE.

Vous avez bu quelquefois du vin de Champagne et de Bourgogne, sans vous embarrasser de la manière dont il se faisait. Entrons dans ce vignoble. Eh bien, Henri, croiriez-vous jamais que c'est de ces petites souches tortues que nous vient la douce liqueur qui nous a fait tant de plaisir dans nos repas? Vous connaissez le raisin? Voyez déjà la grappe qui commence à se former. Ces grains, qui ne sont encore que du verjus, s'enfleront peu à peu, et seront mûrs au commencement de l'automne. Vous en verrez faire la récolte, qu'on appelle vendange; mais je suis bien aise, en attendant, de vous en donner une idée.

Dès le matin, les vendangeuses se répandent dans la vigne, coupent le raisin et en remplissent leurs paniers. Un homme vient les prendre à mesure qu'ils sont pleins, et va les jeter dans de larges demi-tonneaux placés sur une charrette pour les recevoir, et les porter à un endroit où des hommes foulent les grappes sous leurs pieds. On recueille la liqueur qui découle du pressoir, et on la verse dans de grandes cuves ou de petits tonneaux, où elle se purifie d'elle-même en fermentant, jusqu'à ce qu'elle devienne bonne à boire.

Le temps des vendanges est un temps continuel de plaisirs et de fêtes. Il faut entendre, pendant le travail, les chansons rustiques des vendangeuses! Il faut les voir, à la fin de la journée, danser gaîment dans la cour, et les maîtres se mêler souvent à leurs repas et à leurs danses! tout y respire un air de joie et d'innocente liberté.

Le vin, pris avec modération, est très-bon pour l'estomac, et le fortifie; mais, lorsqu'on en boit avec excès, il produit des vapeurs qui troublent la raison et rabaissent l'homme au niveau de la brute. Vous avez vu quelquefois des ivrognes, et vous vous souvenez encore de la juste horreur qu'ils vous ont inspirée.

LES LÉGUMES ET LES HERBAGES

Voudriez-vous me suivre pour voir ce qui croît dans le champ voisin? Je crois que ce sont des navets. En effet, je ne me suis pas trompée. Cette racine, lorsqu'elle est cuite avec du mouton, fait, comme vous le savez, d'excellens ragoûts. On en sème une grande quantité chaque année pour notre table; on en donne aussi aux vaches pour ménager le foin, et parce que d'ailleurs elle leur fait porter une grande abondance de lait.

Les pommes de terre, les raves, les ognons, les radis, les carottes, les panais, et plusieurs autres légumes que vous connaissez à merveille, croissent, comme les navets, sous terre. D'autres, tels que les artichauts, les poids, les fèves, les lentilles et les haricots, croissent au-dessus. Vous en cultivez vous-mêmes dans votre petit jardin ; ainsi ce serait plutôt à moi de recevoir vos instructions sur ce chapitre.

Je crois aussi n'avoir rien à vous apprendre sur les herbages et les plantes qui viennent dans le potager, comme les choux, la chicorée, les melons, les concombres, les citrouilles, et une infinité d'herbes agréables au goût, et très-bonnes pour la santé. Tout cela se cultive sous vos yeux, et par les questions que je vous ai déjà entendu faire à Mathurin, je vous suppose complètement instruits sur cet article.

LE CHANVRE ET LE LIN.

Voyez-vous là-bas ces deux grandes pièces de terre couvertes d'une si belle verdure ? L'une est du chanvre, l'autre est du lin. Les tiges de ces plantes, après qu'elles ont été battues et bien préparées, forment la filasse que vous avez vu filer à la vieille Suson. Le fil de chanvre sert à faire le linge de corps et de ménage. Le fil de lin, qui est d'une plus belle qualité, se réserve pour la toile de batiste. On l'emploie aussi pour faire de la dentelle et du filet. Votre fourreau, Charlotte, votre chemise et vos manchettes, Henri, croissaient autrefois dans les champs.

J'oubliais de vous dire que la filasse de chanvre sert encore pour toute espèce de câbles, de cordes et de ficelles.

On a essayé, en quelques endroits, de tirer parti de ces vilaines orties qui piquent si bien les passans, et l'on en fait un fil grossier, mais très-fort, qui pourrait servir à faire des toiles communes.

LE COTON.

Au défaut de ces plantes, on cultive le coton dans quelques îles de l'Amérique, et surtout dans les grandes Indes. C'est d'abord un duvet léger, qui entoure les grains d'un arbre appelé arbre à coton. Le fruit, qui les renferme en plusieurs petites loges, est à peu près de la grosseur d'une noix, et s'ouvre en mûrissant. Alors on le recueille, et le coton, séparé des graines et du fruit, devient, après quelques préparations, cette espèce de filasse douce et blanche dont vous m'avez vu mettre quelquefois de petits tampons dans mes oreilles et dans mon écrin. La partie la plus grossière se file en gros brins pour les mèches de nos lampes et de nos bougies. Le reste, filé en brins presque aussi déliés que vos cheveux, s'emploie pour la fabrique des bassins, des mousselines et des toiles de coton.

Vous voyez, mes chers amis, quelle variété de matériaux nous a fournie la Providence, et comme le génie de l'homme a su les employer à des objets d'agrément ou d'utilité. L'écorce même des arbres, par un travail et une adresse incroyables, se convertit en étoffes précieuses sous les doigts de ces sauvages qui nous paraissaient si ignorans. Je me souviens de vous avoir montré des ouvrages en plumes et en réseau dont ils se parent dans leurs fêtes, et comme nous avons admiré leur patience et la légèreté de leur travail.

LES HAIES.

Ne sentez-vous pas une odeur bien donc? Regardez à travers la haie, Henri, et voyez si vous pourrez découvrir ce qui l'a produit. Ah, Charlotte! quelles jolies roses sauvages votre frère vient de cueillir! Comment donc? un brin d'aubépine aussi! Ce brin est bien précieux! C'est peut-être le seul qu'on pourrait trouver, car tout le reste a passé fleur. Quel charme, au printemps, de respirer des parfums délicieux jusque sur les buissons et sur les ronces! Ces plaisirs viennent de passer pour nous; mais ceux des petits oiseaux vont commencer. Ils trouveront bientôt dans ces broussailles des fruits pour se nourrir jusqu'au milieu de l'hiver.

Le fermier plante des haies autour de son domaine pour empêcher les voyageurs et les animaux d'aller au travers de ses champs, où ils pourraient causer beaucoup de dommage. Elles lui servent aussi à distinguer sa terre de celle de son voisin. Les troupeaux y trouvent dans l'été un ombrage contre les ardeurs du midi, et dans l'hiver un abri contre le souffle glacé du nord.

LES ARBRES DE HAUTE FUTAIE.

Le beau chêne que voilà, mes amis! comme son ombrage s'étend à propos pour nous garantir des traits du soleil! Voyez quel nombre infini de glands attachés à ses branches! Vous savez bien quel est l'animal qui se régale de ce fruit? Mais ne pensez pas que le chêne majestueux ne soit bon à autre chose qu'à lui fournir des provisions. Il est d'un plus grand usage pour nous, ainsi que je vous le dirai tout à l'heure. Mais laissez-moi d'abord contempler un moment cet arbre superbe; je ne puis me rassasier de le voir. Avec quelle fierté sa tête s'élève dans les airs! Et sa tige! trois hommes, en se tenant par la main, ne sauraient l'embrasser. Il pousse chaque année des milliers de rameaux et des millions de feuilles. Il a de grandes racines qui s'enfoncent bien avant dans la terre, et qui s'étendent au loin autour de lui. Elles le soutiennent contre les violentes tempêtes que son front est obligé d'essuyer. C'est aussi par ses racines que la terre le nourrit, et entretient la fraîcheur et la vie dans tous ses membres énormes.

Eh bien, Henri, n'est-ce pas une chose bien admirable que ce grand arbre soit sorti d'une petite semence? Regardez, en voici un tout jeune. Il est si petit, Charlotte, que vous aurez la force de l'arracher vous-même. Tenez, voyez-vous? voilà le gland encore attaché à sa racine. C'est pourtant ainsi que sont venus tous les arbres qui peuplent cette belle forêt que nous traversâmes l'autre jour dans notre voyage. Ce chêne seul, si tous ses glands avaient été recueillis chaque années, et plantés avec soin, aurait déjà pu suffire à couvrir de ses enfans et de ses petits-enfans la face entière de la terre.

Lorsque le chêne ou les autres arbres qu'on appelle aussi de haute-futaie, tels que le frêne, l'orme, le hêtre, le sapin, le châtaignier, le noyer, etc., seront parvenus au terme de leur croissance, un bûcheron viendra les couper par le pied avec sa cognée. On dépouillera le tronc de ses branches, et les sieurs les scieront en différens morceaux, pour en faire des madriers propres à la construction des vaisseaux, des poutres pour les maisons, ou des planches pour les uns et les autres, ainsi que pour différentes sortes de meubles et de machines. Les grosses branches, les plus droites, seront réservées pour les solives; celles qui sont crochues, pour les bûches; les branchages, pour les fagots; enfin, les racines donneront les souches que l'on brûle dans nos foyers. Vous voyez par là de quelle utilité les arbres sont pour nous dans toutes leurs parties. Le pauvre Henri y trouverait bien à dire, car les toupies, les sabots, les battoirs sont tirés de leur sein. Il n'est pas même jusqu'à leur écorce dont on ne sache faire un usage utile pour teintures, et pour tanner le cuir de vos souliers.

Un autre avantage de ces arbres, c'est qu'ils croissent d'eux-mêmes, sans demander aucun soin, et qu'ils nous donnent pour rien l'aspect de leur belle verdure, et la fraîcheur de leur ombrage. Voyez comme les petits oiseaux se reposent en chantant sur leurs branches! combien ils doivent être contens, la nuit, de trouver un abri sous leurs feuilles! Nous-mêmes, si une pluie abondante venait à tomber, ne serions-nous pas bien heureux de nous y mettre à couvert, pourvu cependant qu'il n'y eût pas d'apparence d'orage? car, dans les orages, les arbres attirent quelquefois le tonnerre : ce qui rend alors leur approche très-dangereuse.

Lorsqu'il y a plusieurs arbres rassemblés sur une vaste étendue de terrain, cet endroit s'appelle bois, ou forêt. Si cet endroit est fermé de murailles, et dépend d'un château, on l'appelle parc. Les bosquets ou bocages sont de petites forêts.

LES BOIS TAILLIS.

Ces mêmes arbres dont nous venons de parler, lorsqu'on les coupe avant qu'ils soient parvenus à leur hauteur naturelle, forment ce qu'on appelle un bois taillis. Ce sont ordinairement les rejetons qui poussent sur les vieilles racines dans une forêt que l'on vient d'abattre. On les coupe après cinq ou sept ans, les uns pour le chauffage, les autres pour servir d'échalas à la vigne, ou pour faire les cercles des cuves et des tonneaux. Cette récolte, qui peut se faire de cinq en cinq ans, s'appelle coupe réglée.

LE VERGER.

Outre ces arbres, il en est d'autres nommés arbres fruitiers. Je parierais, avec confiance, que nous aurons plus de plaisir encore à nous en entretenir. Entrons dans le verger. Voilà les fruits qui grossissent. Ce serait vous faire injure que de vouloir vous les faire connaître. Si petits que vous soyez, je pense que personne au monde ne distingue mieux que vous les poires, les pommes, les pêches, les cerises, les prunes, les abricots et les brugnons. Les arbres étendus en éventail contre la muraille s'appellent, comme vous savez, espaliers, et les autres arbres à plein vent. Les premiers rapportent plus sûrement et de plus beaux fruits, parce que, dans les gelées, on peut les couvrir avec des nattes de paille, et que la muraille, échauffée par le soleil, avance leur maturité. Les seconds passent pour avoir leur fruit d'un goût plus fin et plus délicat. Nous aurons, j'espère, beaucoup de fruit cette année. Ne souhaiteriez-vous pas, Henri, qu'il fût déjà mûr? Patience, il le sera bientôt, et vous en mangerez tant qu'il vous plaira dans le temps. Mais gardez-vous bien d'y toucher tant qu'il est vert, car il vous rendrait malade peut-être pour toute l'année.

Vous vous rappelez, mes chers amis, combien les arbres à fruits paraissaient beaux, il y a trois semaines, lorsqu'ils étaient en pleine fleur? Les fleurs sont maintenant passées, et les fruits croissent à la place. Ils deviendront plus gros de jour en jour, jusqu'à ce que la chaleur du soleil les colore et les mûrisse; et alors ils seront bons à cueillir.

Les pommes et les poires peuvent se garder dans leur état naturel pendant tout l'hiver ; mais les autres fruits tournent bientôt en pourriture, et il faudrait renoncer à en manger après leur saison, si l'on n'avait trouvé le moyen de les conserver en les faisant sécher au four, ou en les mettant dans de l'eau-de-vie, ou enfin en les faisant bouillir avec un sirop composé d'eau et de sucre. C'est de cette dernière façon que l'on fait les marmelades et les gelées, que l'on trouve si bonnes dans l'hiver, et surtout dans les maladies.

Il y a quelques fruits renfermés en de dures coquilles, comme les noix, les amandes, les noisettes, les châtaines, etc. Vous les connaissez aussi bien que les arbres qui les portent; mais vous ne connaissez pas un autre arbre de la même espèce, parce qu'il ne vient pas dans ce pays : c'est le cocotier. Il est très-haut et fort droit, sans branches ni feuillages autour de sa tige. Seulement vers le sommet il pousse une douzaine de feuilles très-larges, dont les Indiens se servent pour couvrir leur maisons, pour faire des nattes et pour d'autres usages. Entre les feuilles et l'extrémité de sa pointe, il sort quelques rameaux de la grosseur de mon bras, auxquels on fait une incision, et qui répandent, par cette blessure, une liqueur très-agréable, dont on fait l'arack. Ces rameaux portent une grosse grappe, ou paquet de cocos, au nombre de dix à douze.

Cet arbre rapporte trois fois l'année, et son fruit, dont vous avez goûté l'autre jour, est aussi gros que la tête d'un homme. Il en est dont le fruit n'est pas plus gros que votre poing, et qui sert, entre autres usages, à faire des cuillers à punch.

Il y a aussi une espèce d'amande, appelée cacao, qui vient dans les Indes occidentales et au midi de l'Amérique. L'arbre qui la produit ressemble un peu à notre cerisier. Chaque cosse renferme une vingtaine de ces amandes, et de la grosseur d'une fève, dont on fait le chocolat, avec d'autres ingrédiens. Le meilleur cacao nous vient de Caraque, dont il porte le nom.

LES PÉPINIÈRES ET LA GREFFE.

Les arbres ont généralement trois manières de se reproduire, par les graines, pépins ou noyaux cachés dans l'intérieur de leur fruit, par les petits rejetons pris sur leurs vieilles racines, ou par les boutures coupées de leurs branches, et plantées en terre pour s'y enraciner.

L'endroit où l'on rassemble ces élèves, la douce espérance du jardin, s'appelle pépinière. C'est comme un collége pour les enfans des arbres, où l'on veille sur leur croissance et où l'on s'étudie à les préserver de mauvais penchans.

Les jeunes arbres, qu'on nomme sauvageons, ne porteraient que de mauvais fruits, si l'on n'avait soin de les greffer. Voici comment on s'y prend. On coupe d'abord le haut de leur tige, pour les empêcher de s'élever davantage; puis un peu au-dessous, des deux côtés, on fait une petite incision à l'écorce, et dans cette ouverture on glise un bourgeon pris d'un autre arbre, avec une petite partie de son écorce, pour remplir le vide qu'on a fait dans celle du sauvageon. On les lie étroitement ensemble, et l'on recouvre la blessure de mousse, pour empêcher l'air d'y pénétrer. Le bourgeon, recevant sa nourriture de l'arbre, s'unit avec lui, et il pousse bientôt des branches qui, s'étendant de tous côtés, forment la tête de l'arbre, et portent des fruits exquis.

Cette opération, l'une des plus curieuses du jardinage, se varie de plusieurs manières. J'aurai soin de parler à Mathurin, pour le prier, lorsqu'il en sera temps, de la faire en votre présence.

LES FLEURS.

Charlotte, si vous n'êtes pas fatiguée, nous irons voir nos fleurs. Pour Henri, c'est un homme, et il lui siérait mal de se plaindre. Je pense même qu'il serait en état de se tenir sur ces pieds du matin au soir. Venez, monsieur, prenez la clé du jardin, et ouvrez la porte. Voici, je crois, l'endroit le plus agréable que nous ayons jamais vu.

Quel est l'objet qui va d'abord captiver nos regards ? Que sais-je ? Il se trouve ici une si grand variété de beautés, que l'on hésite à laquelle donner la préférence. Vous admiriez les fleurs des champs ; mais celles-ci les surpassent encore.

Regardez ces tulipes, ces giroflées, ces œillets, ces jonquilles, ces jacinthes et ces renoncules. La blancheur de ce lis ou de cette tubéreuse efface celle de la plus belle batiste. Prenez la plus petite fleur : en la regardant de près, vous la trouverez aussi jolie et aussi curieuse que les plus grandes. N'oublions pas surtout la modeste violette, la première fille du printemps. Charlotte, cueillez-moi, je vous prie, une de ces roses à cent feuilles. C'est bien avec raison que, pour son doux parfum et sa couleur brillante, on la nomme la reine des fleurs. Joignez - y quelques brins de lilas, de jasmin, de muguet et de chèvrefeuille. Quel agréable mélange de douces odeurs dans un si petit bosquet! Je ne vous permettrai pas d'en cueillir davantage, ce serait dommage de les gâter. Le jardinier nous en a apporté ce matin pour parer notre appartement. Elles se conserveront par la fraîcheur de l'eau qui baigne leurs tiges, au lieu que la chaleur de vos mains les aurait bientôt fanées.

Avez-vous pris garde que chaque fleur a des feuilles différentes de celles des autres; que quelques-unes sont bigarées de toutes les couleurs que vous pouvez nommer, et découpées en festons les plus délicats? En un mot, leurs beautés sont trop multipliées pour qu'on puisse vous les compter. Quand vous serez en état de lire les ouvrages d'histoire naturelle, vous serez étonnés de tout ce qu'elles offrent d'admirable. Mais vous êtes trop jeunes pour pouvoir comprendre ces livres à présent. Cependant je ne dois pas omettre de vous dire que toutes les fleurs viennent ou de graines, ou d'ognons, ou de petites racines détachées des grandes, ce qu'on appelle marcotte.

Aucune de celles qui croissent ici ne viendrait à l'aventure dans les champs, parce que la terre n'y est pas assez riche pour elles. Il faut prendre beaucoup de peine pour les faire venir, même dans un jardin. Le jardinier est obligé de leur donner des soins continuels. Il faut surtout qu'il n'oublie pas de les arroser chaque jour. La terre et l'eau sont pour les fleurs ce que la viande et le vin sont pour les hommes. Mais, comme elles sont muettes et attachées à une place, elles ne peuvent aller chercher des rafraîchissemens ni les demander. Le créateur a pourvu à leurs besoins par les douces ondées du printemps, où le jardinier qu'il instruit, répand sur elles avec son arrosoir une pluie bienfaisante.

Quelques plantes tendres et délicates ne viennent que dans une terre extrêmement légère. Elles ne pourraient percer à travers un terrain trop dur, pas plus que vous ne pourriez passer votre tête à travers une épaisse muraille. D'autres plantes sont fermes et vigoureuses ; c'est pourquoi une terre légère s'éboulerait autour d'elles, et laisserait leurs racines découvertes ; aussi celles-là réussissent mieux sur un sol d'argile. Quelques-unes demandent une grande quantité d'eau ; elles viennent même dans les fossés et les puisards. D'autres enfin ne se plaisent que dans un terrain sablonneux.

On élève plusieurs plantes curieuses dans des serres chaudes. Elles ne croîtraient pas en plein air dans ce pays, parce qu'elles sont transplantées de pays étrangers, où il fait beaucoup plus chaud. Quoique vous soyez d'une constitution plus robuste que les fleurs, si vous étiez obligés d'aller dans un pays où le froid est beaucoup plus vif que dans celui-ci, vous ne seriez pas en état de le supporter comme ceux qui sont nés sous ces climats.

LES CARRIÈRES.

De ce que je viens de vous dire, mes chers amis, vous devez conclure qu'il y a une grande variété dans ce qui croît sur la surface de la terre ; mais quelle serait votre admiration si vous connaissiez tout ce qu'elle renferme au-dessous ! C'est de son sein qu'on a tiré les grès qui pavent nos rues et nos grands chemins, et ce joli gravier d'un jaune rougeâtre répandu sur les allées pour en bannir l'humidité, et faire un contraste agréable avec le vert tendre de la charmille. La porcelaine et la faïence de notre buffet ; la poterie commune, d'un si grand usage dans la cuisine ; les briques dont nos appartemens sont carrelés, les tuiles qui couvrent nos toits, tout cela n'est que de la terre, d'une pâte plus ou moins fine, pétrie et cuite au four. Nos verres et nos bouteilles, les vitrages de nos fenêtres, sont du sable fondu. Vous avez vu quelquefois dans vos promenades bâtir des maisons ? Eh bien, la chaux, le mortier, le plâtre, le ciment qu'on a mis entre les pierres pour les lier ensemble et les affermir, venaient du sein de la terre : ces pierres elles-mêmes, entassées les unes sur les autres jusqu'à une si grande élévation au-dessus de nos têtes, étaient ensevelies à de grandes profondeurs sous nos pieds. Il en est ainsi du marbre qui pare nos consoles et nos cheminées, et de l'ardoise qui couvre nos pavillons. Les endroits creusés pour en retirer ces divers matériaux s'appellent carrières.

LES MINES DE CHARBON ET DE SEL.

Il est des pays où, en creusant à certaines profondeurs, on trouve, dans une espèce de carrière appelée mine, le charbon de terre que vous avez vu souvent décharger à la porte du serrurier notre voisin. Il n'est guère d'usage à Paris que pour les forges, mais il sert dans plusieurs provinces de France, ainsi que dans des royaumes entiers, à faire le feu de la cuisine et celui des appartemens.

Le charbon de bois ne vient point dans la terre; mais il s'y fait dans de grandes fosses, où l'on jette du bois pour le faire brûler. Lorsqu'il est bien enflammé, on le recouvre afin de l'éteindre, avant qu'il soit au point de se réduire en cendres.

Il est aussi des mines de différentes espèces de sel, qu'il est inutile de vous nommer encore. Je ne vous parlerai que du sel commun. En quelques endroits, le sel de ces mines est si dur, qu'on peut le tailler comme du marbre et en faire des statues. Ce qu'il y a de singulier, c'est que le feu le fait fondre encore plus promptement que l'eau. Le sel nous vient plus communément de l'eau de mer, qu'on fait entrer dans une espèce de bassin peu profond, et qu'on laisse évaporer au soleil. Quand l'eau est tout évaporée, le sel reste en croûte dans ces bassins, qu'on appelle salines.

LES MINES DE MÉTAUX.

Je ne vous ai pas dit la moitié des richesses qui se trouvent dans les entrailles de la terre : on en tire l'or, l'argent, le cuivre, le fer, le plomb et l'étain. C'est ce qu'on appelle métaux.

Regardez ma montre ; elle est d'or, ainsi que les louis, les doubles louis et les demi-louis. On peut battre l'or et l'étendre en feuilles plus minces que du papier. L'espagnolette de mes croisées, les sculptures de mon salon, les chenets de mon foyer, ne sont pas d'or, quoique vous ayez pu l'imaginer; on n'a fait que les couvrir de ces feuilles d'or légères. L'or est le plus précieux de tous les métaux.

L'argent quoique inférieur à l'or, est cependant très-estimé. Cet écu et ces petites pièces de monnaie sont d'argent. On l'emploie aussi pour les flambeaux, la vaisselle plate, et une infinité d'autres ustensiles dont les gens riches font usage. L'argent, couvert d'une feuille d'or, s'appelle vermeil.

Le cuivre sert à faire les sous, les liards et toute la basse monnaie. On l'emploie aussi ordinairement pour faire nos poëlons, nos casseroles et nos chaudières. Mais l'usage en serait très-dangereux, si l'on n'avait la précaution de les doubler d'étain en dedans; c'est ce qu'on appelle étamer.

Le fer est le métal le plus commun, mais le plus utile. La plupart des instrumens dont on se sert pour la culture de la terre et pour les différens métiers sont de fer. L'acier est une espèce de fer raffiné et purifié dans la trempe par le mélange de quelques ingrédiens. Les couteaux, les ciseaux, les rasoirs, les aiguilles, sont d'acier.

Le plomb est aussi d'un très-grand usage. Vous savez combien il est pesant. On en fait des réservoirs pour contenir l'eau, des tuyaux pour l'amener des sources, des goutières pour ramasser la pluie qui dégoutte des toits, et la conduite hors de la maison. On en fait aussi des poids pour les balances, les tournebroches et les horloges.

L'étain est un métal blanchâtre plus mou que l'argent, mais plus dur que le plomb. Il sert à faire des bassins, des écuelles, des assiettes et des cuillers pour les gens qui n'ont pas le moyen d'en avoir d'argent.

Tous ces différens métaux se trouvent en mines dans la terre. On n'y trouve aussi ce qu'on appelle les demi-métaux, tels que le vif-argent dont on couvre le derrière des miroirs, le zinc, l'antimoine, etc., que l'on mêle avec les métaux, pour en faire des métaux composés, comme le laiton, le bronze, etc.

LES MINES DE PIERRES PRÉCIEUSES.

C'est encore dans la terre que l'on trouve les pierres précieuses, telles que le diamant qui est proprement sans couleur, le rubis qui est rouge, l'émeraude qui est verte, le saphir qui est bleu. Je ne vous parle que des principales, parce que le détail en serait trop long. Elles ne paraissaient point si brillantes lorsqu'on les tire de la mine. Il faut autant de patience que de travail pour les tailler et les polir. Regardez les diamans de cette bague : vous voyez qu'ils sont taillés à plusieurs facettes : c'est afin que la lumière, se réfléchissant d'un plus grand nombre de points, leur donne plus d'éclat.

Il est une espèce de caillou que l'on taille aussi en forme de diamant pour en garnir des boucles et des colliers; mais il est bien loin d'avoir le même feu. On le reconnaît à sa transparence plus terne. C'est ce qu'on appelle pierres fausses.

Vous voyez, mes amis, qu'il n'est pas une seule chose qui ne puisse servir à satisfaire agréablement notre curiosité, lorsqu'on sait l'examiner avec attention. Quelle folie de se plaindre de n'avoir rien pour se divertir, lorsqu'on peut trouver de l'amusement dans tous les objets de la nature ! Mais si vous n'êtes pas fatigués, je pense que vous devez avoir faim ; et je crains que notre dîner ne se refroidisse. Ainsi hâtons-nous de gagner la maison. Je vous en ai dit assez pour occuper votre mémoire jusqu'à demain, où je me propose de faire avec vous une autre promenade.

LES BOEUFS.

Bonjour, Charlotte ; je ne vous attendais pas de si bonne heure. Je me flatte, par cet empressement, que mes instructions d'hier vous furent agréables. Avez-vous vu Henri ce matin ? Allons voir s'il est levé. — Comment, petit paresseux, n'avez-vous pas de honte d'être encore au lit ? La matinée est charmante. Votre sœur et moi, nous voulons en profiter pour faire une petite promenade. Si vous désirez être de la partie, il n'y a pas de temps à perdre. — Fort bien ; vous voilà prêt. Faites votre prière, et partons.

Ne vois-je pas là-bas la laitière qui trait les vaches ?

INTRODUCTION FAMILIÈRE.

Comme ces pauvres animaux paraissent joyeux en paissant dans la verte prairie! J'imagine que l'herbe leur est aussi agréable que des confitures le seraient pour vous. Voyez de quels bons vêtemens ils sont pourvus! Comme ils ne peuvent pas s'en faire eux-mêmes, la nature leur en a donné qu'ils portent sur le dos dès leur naissance, et qui grandissent avec eux.

Tous les animaux qui, comme ceux-ci, ont quatre pieds, s'appellent quadrupèdes. Ils ne se tiennent point debout. Cette posture grotesque avec quatre jambes, leur serait en même temps incommode, parce que leur nourriture est attachée à terre, et qu'ils seraient à tout moment obligés de se baisser pour la prendre; ce qui les fatiguerait terriblement. D'un autre côté, s'ils n'avaient que deux jambes, ils ne pourraient guère mouvoir leur corps, beaucoup plus pesans que les nôtres. Vous voyez de quelle dure corne leurs pieds sont armés. Sans cette chaussure naturelle, ils seraient bientôt déchirés jusqu'au sang. Les grandes cornes pointues qu'ils ont sur la tête leur servent de défense contre ceux qui voudraient les attaquer.

Savez-vous de quelle grande utilité sont pour nous les vaches et les bœufs? Je vais vous le dire. Ne courez pas, Henri, voyez comme votre sœur est attentive!

Les vaches, ainsi que vous le voyez, donnent du lait en grande quantité. Il sert à faire la crème, le beurre et le fromage. On le met pour cela reposer dans de grandes jattes. Quelques heures après, la crème épaissie s'élève au-dessus. On retire cette couche avec de grandes cuillers, et il s'en forme bientôt une seconde, que l'on retire de même. Lorsqu'on l'a toute recueillie, on la met dans une espèce de petit tonneau, qu'on appelle baratte, et on la remue fortement avec un battoir passé dans le trou du tonneau, jusqu'à ce qu'à force de s'épaissir, elle devienne du beurre. Le reste est du lait de beurre, qui est très-bon pour les enfans.

Le fromage mou et toutes les autres espèces de fromage se font également avec le lait. Je vous mènerai quelque jour dans la laiterie, pour être témoins de ces différentes préparations.

Remarquez bien ce superbe taureau ; c'est le bœuf le plus vigoureux de la troupe, et le père de tous ces petits veaux qui tétaient encore leurs mères il y a quelques jours, et qui commencent à présent à paître auprès d'elles.

Mais d'où vient ce nuage de poussière sur le grand chemin ? Ah ! c'est un troupeau de bœufs qui passe. N'en soyez point effrayée, Charlotte. Remarquez comme ils souffrent patiemment qu'on les pousse à coups d'aiguillon. Un seul homme suffit à les gouverner, tant ils sont dociles! Il va les conduire au marché, où les bouchers les attendent pour les acheter. Lorsqu'ils seront tués, leur chair sera vendue à nos cuisinières pour notre dîner ; et leurs peaux seront vendues aux tanneurs, qui en feront du cuir, nécessaire aux cordonniers pour les souliers et les bottes, et aux selliers pour les selles, les brides et les harnois. Leurs cornes mêmes ne nous seront pas inutiles. On en fera des peignes et des lanternes.

Il est des pays où les bœufs n'ont rien à faire qu'à s'engraisser paisiblement, pour être conduits ensuite à la boucherie. En d'autres endroits, leur vie est aussi laborieuse que celle du cheval. On ne monte pas, il est vrai, sur leur dos; mais on en joint deux ensemble de front, et on leur attache autour des cornes, avec de fortes courroies, le timon d'une charrette ou d'un traîneau, ou le joug d'une charrue; et on les voit tirer avec force les fardeaux les plus lourds, et labourer profondément la terre la plus dure.

LES BREBIS.

Regardez ces innocentes brebis, avec ce fier bélier à leur tête, et ces jolis agneaux à leur côté. Quelle paisible famille! Douces créatures! vous êtes aussi pourvues de bons habits. Ils vous seront d'un grand secours dans l'hiver et dans les nuits fraîches, où vous êtes obligés de coucher à la belle étoile, au milieu des champs. Mais ils vous donneraient trop de chaleur dans l'été. Eh bien, ne craignez pas; on trouvera le moyen de vous en débarrasser sans vous faire souffrir. Aussitôt que les chaleurs étouffantes seront venues, le fermier vous réunira toutes ensemble dans la prairie. Alors de jeunes bergères viendront avec de larges ciseaux vous délivrer adroitement du poids incommode de votre toison. Vous sortirez de leurs mains plus légères, et vous courrez sautant et bondissant comme de petits garçons qui ôtent leurs habits pour jouer dans la campagne.

La laine des brebis et des moutons est très-précieuse. On la vend aux cardeurs, qui la dégraissent; et de pauvres femmes, qui vivent dans des chaumières, la filent. N'avez-vous pas vu l'honnête Gothon, assise devant sa porte, chanter de vieilles romances en tournant son rouet, heureuse de penser qu'on la paierait assez bien pour l'empêcher de demander l'aumône ?

Lorsque la laine est filée, puis tordue, les bonnetiers en font des bonnets ou des bas, et les tisserands en font des étoffes pour nos vêtemens, ou des couvertures pour nos lits dans l'hiver.

Les pauvres moutons ne seraient pas si fringans s'ils savaient qu'ils doivent être comme les bœufs, vendus aux bouchers. Ne pensez-vous pas qu'il est cruel de tuer ces innocentes créatures ? En effet, mes enfans, c'est une pitié. Mais si l'on n'en tuait pas quelques-uns, il y en aurait bientôt un si grand nombre, qu'ils ne sauraient trouver assez d'herbage pour subsister, et que plusieurs, par conséquent, seraient réduits à mourir de faim. Du moins, tant qu'ils vivent, ils sont aussi heureux qu'ils peuvent l'être. Ils ont de belles pâtures pour s'y nourrir et pour y jouer. En marchant à la boucherie, ils ne savent pas encore ce qu'on va leur faire. Lorsqu'on leur coupe la gorge, ils ne sont pas long-temps à mourir ; et en expirant, ils n'ont pas le chagrin de laisser après eux des parens qui s'affligent, ou qui souffrent de leur perte.

Nous sommes obligés de les tuer pour soutenir notre vie; mais nous ne devons jamais être cruels envers eux tant qu'ils sont vivans.

La peau de mouton sert à faire le parchemin qui couvre votre tambour, Henri ; et la basane qui couvre votre livre, Charlotte.

LE CHEVAL.

On conduit aussi les chevaux au marché pour les vendre, non pas aux bouchers, mais aux maquignons, qui les dressent. Leur chair n'est bonne à rien ; c'est de la charogne : elle ne sert qu'à rassasier les loups et les corbeaux. Le cheval est une noble créature. En voilà un de selle. Voyez comme il se dresse, et comme il bondit, maintenant qu'il est en liberté ! Mais quoiqu'il soit très-vigoureux, qu'il puisse renverser celui qui le monte, en s'élevant sur ses pieds de derrière, et le tuer d'une ruade, il est si doux, qu'il se laisse monter et guider où l'on veut. Son corps étant moins lourd que celui du bœuf, il a des jambes plus menues; en sorte qu'il se meut plus légèrement; et, sa croupe étant moins large, un homme peut aisément l'embrasser entre ses genoux. Il a aussi de la corne aux pieds; mais, comme il est grand voyageur, elle serait bientôt usée, si l'on n'avait le soin de lui donner des souliers de fer, pour empêcher qu'elle ne se brise. C'est le maréchal qui fait sa chaussure, et qui la lui attache avec des clous. Cette opération, faite avec adresse, ne lui cause aucune douleur.

Ne souhaiteriez-vous pas, Henri, de savoir monter à cheval? Lorsque vous serez plus grand on vous apprendra cet utile exercice. Mais gardez-vous bien de l'essayer avant d'en avoir reçu des leçons; cette épreuve pourrait vous coûter la vie.

Il y avait un petit garçon de ma connaissance, qui brûlait d'envie de monter à cheval, et qui n'eut pas la patience d'attendre que son papa lui eût acheté un joli petit bidet proportionné à sa taille. Il vit un jour le cheval du domestique attaché à la porte. Le voilà qui détaché la bride, grimpe sur la selle, et donne à son coursier un grand coup de baguette. Le cheval part aussitôt au galop, et l'emporte avec tant de vitesse, que le pauvre petit malheureux, incapable de retenir la bride et d'atteindre jusqu'aux étriers, perdit bientôt la selle, et fut renversé contre une pierre qui lui fracassa tout le crâne. Le cheval n'était pourtant pas vicieux lorsqu'il

INTRODUCTION FAMILIÈRE.

avait un cavalier habile sur son dos. Tout le mal venait de ce que le petit insensé ne savait pas le conduire.

Ces deux grands chevaux rebondis, d'une taille haute et d'une superbe encolure, sont destinés pour le carrosse. Ils sont plus forts, mais moins légers que l'autre. Ceux-ci, avec leurs jambes velues et leur crin négligé, sont des chevaux de charrette. Il y a une autre espèce de chevaux très-fins et très-légers : ils portent leurs maîtres à la chasse, ou sont réservés pour les courses ; mais ils sont très-coûteux à entretenir.

Nous ne saurions faire à pied un long voyage, parce que nos jambes seraient bientôt fatiguées ; au lieu que sur le dos d'un cheval nous pouvons parcourir bien des lieues, et voir nos amis qui vivent à une certaine distance de notre maison. Il est aussi fort agréable d'aller en voiture, vous le savez bien ; mais ces plaisirs, nous ne pourrions pas nous les procurer sans les chevaux. Comment nous passer aussi de leurs secours dans une infinité d'autres circonstances ? Il serait excessivement pénible pour les hommes les plus vigoureux, de faire ce que les chevaux ordinaires font avec facilité. Le pauvre laboureur, qui suit tout le long du jour sa charrue, est bien fatigué, le soir, lorsqu'il rentre dans sa chaumière : que serait-ce donc s'il était obligé de la traîner lui-même à travers son champ, sur une terre dure et raboteuse ? Comment les voituriers seraient-ils en état de tirer ces grands fourgons et ces lourdes charrettes qu'ils conduisent, s'ils n'y employaient la force des chevaux? Puisqu'ils nous rendent de si grands services, ne devons-nous pas les bien traiter? Je crois que le moins que nous puissions faire, est de leur donner, dans le jour, une bonne nourriture, et une écurie bien close, la nuit. Gardons-nous surtout d'imiter ces personnes barbares qui les poussent trop rudement à la course, qui leur donnent des coups de fouet et d'éperon, jusqu'à ce qu'ils soient près de mourir! Cependant de pareilles cruautés sont exercées chaque jour. Souvenez-vous bien, Henri, qu'il est également cruel et insensé d'agir de cette manière.

L'ANE.

Voilà un pauvre âne. Il fait une figure bien triste auprès d'une aussi belle créature que le cheval. Ne le méprisez pourtant pas à cause de sa mine : il a un grand mérite, je vous assure. Il est aussi patient qu'officieux, et il n'en coûte que bien peu pour le nourrir. Il se contente de quelques chardons qu'il broute le long des chemins, ou même de quelques feuilles sèches et d'un peu de son. Il ne demande ni écurie pour le loger, ni palefrenier pour le panser; en sorte que les pauvres gens qui ne sont pas en état de nourrir un cheval peuvent avoir un âne. Il

rera fort bien sa petite charrette, ou portera sa paire
de paniers. Il ne dédaignera pas même de prêter
son dos à un ramoneur. N'avez-vous pas vu de ces
petits savoyards aux dents blanches et à la face
noircie, grimpés sur un âne avec des sacs de suie,
qu'ils portent aux teinturiers?

Je ne dois pas oublier de vous dire que le lait d'â-
nesse est un des meilleurs remèdes pour les maladies de poitrine. J'ai vu des personnes si faibles,
qu'on les croyait condamnées à mourir, reprendre
à vue d'œil leur santé, pour en avoir bu le matin
pendant quelque temps. Ne serait-il pas affreux de
traiter avec inhumanité des animaux si utiles. Je ne
pardonnerai, je crois, de ma vie, à un petit polis-
son, que j'ai vu tourmenter une de ces pauvres
créatures de la manières la plus cruelle.

LE CHIEN.

Laissez-moi regarder à ma montre, Ho, ho! huit
heures passées. Il est temps de retourner à la maison pour déjeûner. Voilà Champagne qui venait
nous avertir. Médor est avec lui. Vous êtes bien content de nous trouver, n'est-ce pas, Médor? Nous
sommes aussi bien aises de vous voir, je vous assure. Vous êtes un brave et fidèle compagnon. Voyez

comme il remue sa queue, et comme il fretille! il nous regarde d'un air si joyeux, que l'on croirait démêler un sourir sur sa physionomie. Dans le temps où nous sommes au lit et profondément endormis, Médor fait sentinelle, et ne permet pas aux voleurs d'approcher de la maison. Lorsque votre papa est à la chasse, Médor court d'un côté et d'autre à travers les champs, et fait lever le gibier, pour que votre papa le tire. Quoiqu'il soit très-courageux, et qu'il exposât sa vie pour défendre son maître, si on osait l'attaquer, il est d'un si bon naturel, qu'il laisse les petits enfans jouer avec lui sans les mordre, pourvu cependant qu'ils ne lui fassent pas de mal.

Le brave Médor ne demande d'autre récompense de ses services que de petites caresses, une légère nourriture, et la permission de nous accompagner quelquefois dans nos promenades. Il mérite bien notre attachement par celui qu'il nous témoigne : aussi a-t-il été de tout temps le symbole de la fidélité.

LE CERF.

Voulez-vous traverser le petit parc en retournant à la maison? J'en ai heureusement la clef. Voyez, Henri, ce beau cerf, avec ses cornes rameuses! N'admirez-vous pas sa taille légère et son air noble et fier? Voyez là bas ces petits faons qui bondissent. Si leste que vous soyez, je parie que vous ne pourriez jamais cabrioler comme eux.

Cette espèce d'animaux n'est entretenue que par ceux qui ont des parcs fermés de hautes murailles. Ils aiment trop l'indépendance pour s'arrêter dans les champs, comme les vaches et les brebis.

Les grands seigneurs prennent souvent plaisir à chasser le cerf. Ils le lâchent hors du parc, et détachent à ses trousses une meute nombreuse de chiens. Leurs aboiemens furieux, les cris et le son du cor des piqueurs qui les guident, le saisissent d'une telle épouvante, qu'il se sauve devant eux de toute la vitesse de ses jambes agiles. Les chasseurs, montés sur des chevaux dressés à cet exercice, se mêlent aussi à la poursuite; et ils sont si animés dans leur course, qu'ils sautent au-dessus des haies et à travers les fossés pour l'atteindre. Il les conduit quelquefois dans un circuit immense; mais enfin ses jambes fatiguées refusent de le porter plus loin. On le voit, haletant de lassitude et de frayeur, s'arrêter tout-à-coup, et menacer de ses cornes les chiens dont il est assailli. Après un long combat, ceux-ci le saisissent, le déchirent jusqu'à ce qu'il meure.

Je suppose qu'il y a du plaisir à le suivre et à voir la légèreté de sa course; mais je pense qu'il faudrait laisser la pauvre créature retourner dans sa demeure, pour la dédommager de la terreur qu'elle doit avoir éprouvée, et le payer de l'amusement qu'elle a procuré.

Ces mêmes personnes s'amusent aussi quelquefois à chasser le lièvre. Elles vont dans les champs avec leurs chiens, qui découvrent bientôt son gîte, quelque adroit qu'il soit à se cacher. Lorsqu'il se voit en danger d'être saisi, il s'élance, et court avec toute la légèreté dont il est pourvu, pratiquant dans sa fuite plusieurs ruses pour se sauver. Mais toutes ces ruses sont inutiles. Il succombe enfin d'épuisement, et subit le même sort que le cerf, ou périt sous les traits du chasseur.

Je ne sais quel est le plaisir de la chasse, Henri; mais je souffrirais tant pour la pauvre petite bête effarouchée, que ce sentiment détruirait toute ma jouissance. Il me semble que j'aurais encore plus de joie d'en sauver un de sa détresse.

Maintenant, allons prendre notre déjeûner. Je crois que cette promenade vous le fera trouver bon. Il n'est rien comme l'air et l'exercice pour aiguiser l'appétit.

LE CHAT.

Tandis que nous déjeûnons, j'ai quelques nouvelles à vous dire, Charlotte. Votre favorite Minette a fait des petits. Ils sont ici dans un panier. Appelez-la pour laper un peu de lait, et alors nous pourrons les regarder à notre aise. Entendez comme ils miaulent ; voyez comme ils tremblotent. Ils ne peuvent pas y voir encore ; mais dans neuf jours leurs yeux seront ouverts, et alors ils commenceront à faire mille tours de souplesse. Lorsque leur mère leur aura appris à attrapper les souris, elle les laissera pourvoir d'eux-mêmes à leur subsistance; et, au lieu de se donner la moindre inquiétude à leur sujet, elle leur allongera un bon coup de patte sur le museau s'ils osaient prendre des libertés avec elle. Mais elle sera une bonne mère pour eux aussi long-temps qu'ils auront besoin de ses secours. Ils n'ont pas droit de prétendre qu'elle leur attrape des souris pendant toute leur vie, lorsqu'ils seront aussi adroits qu'elle à cette chasse.

Les souris sont de jolies petites créatures, mais elles font beaucoup de dommage, aussi bien que les rats. Si nous n'avions pas de chats pour les détruire, nous en serions bientôt désolés.

Je n'aurais jamais fini si je voulais dénombrer toutes les espèces d'animaux qui vivent sur la terre. Mais je ne dois pas oublier de vous dire qu'il y a un grand nombre de bêtes féroces, telles que les lions, les tigres, les léopards, les panthères, les ours et une infinité d'autres. Comme leurs peaux font de bonnes fourrures pour les personnes qui vivent dans les pays froids, les chasseurs, assemblés en grand nombre et pourvus de bonnes armes, se hasardent à les poursuivre avec d'autant plus de confiance que les bêtes sauvages vont rarement par troupe.

Quelquefois on vient à bout de les prendre vivantes, lorsqu'elles sont jeunes, et on les montrent dans les foires comme des curiosités. Ceux qui en ont soin ont une manière de les élever qui leur fait perdre en grande partie leur férocité naturelle. Il n'y a aucune bête, si féroce qu'elle soit, qui ne puisse être adoucie et domptée par l'homme; témoin cet ours qui dansait hier sous nos fenêtres.

Il est plusieurs autres animaux très-curieux, que j'ai vus à la ménagerie du Jardin des Plantes, où je me propose de vous mener un jour. Je ne vous parlerai que de deux seulement, pour vous inspirer la curiosité de connaître les autres lorsque vous serez un peu plus formés.

L'ÉLÉPHANT.

L'éléphant est le plus grand des animaux qui vivent sur la terre. Sa force est prodigieuse; mais son naturel est très-doux, et il se laisse aisément gouverner par la voix de l'homme.

Il porte sur le museau une grande masse de chair qu'on appelle trompe, parce qu'elle est creuse et allongée comme une trompette. Il l'étend et la recourbe de mille manières, et s'en sert comme d'une espèce de main pour prendre sa nourriture et la porter à sa gueule. Il la manie avec tant d'adresse, qu'il parvient à déboucher une bouteille, et à ramasser à terre la moindre pièce de monnaie. Elle est assez forte pour soulever de grosses pierres et déraciner des arbres.

Nous lisons dans l'histoire que c'était autrefois l'usage d'employer les éléphans dans les batailles. Ils portaient sur leurs dos de petites tours de bois remplies de soldats, qui, de cette hauteur, lançaient au loin des traits et des javelots. Quand le combat s'animait, l'éléphant, harcelé par l'ennemi, entrait en fureur, enfonçait les rangs, et écrasait sous ses pieds tous ceux qui osaient lui disputer le passage.

Voudriez-vous monter sur un éléphant, Henri ? Certes vous y feriez une aussi belle figure que la poupée de Charlotte sur un grand cheval.

Les dents de l'éléphant ont quelquefois plus de dix pieds de longueur. Ce sont elles qui nous fournissent tout l'ivoire employé à faire quelques-uns de vos bijoux, vos peignes, le manche de votre couteau, et une infinité d'autres ustensiles.

LE CHAMEAU.

Le chameau est une autre grande créature. Nous n'en avons point dans ce pays, si ce n'est ceux que l'on y amène à dessein de les montrer dans les rues pour de l'argent.

Au milieu des contrées où vivent les chameaux il y a de vastes déserts sablonneux, où l'on né trouve ni hôtellerie pour se reposer, ni même un arbre pour se mettre à l'abri des traits brûlans du soleil. Cependant les marchands sont dans la nécessité de traverser ces sables arides pour porter les marchandises qu'ils veulent vendre d'une contrée à l'autre. Il leur serait impossible de traîner eux-mêmes de si lourdes charges; et les chevaux dont ils pourraient faire usage seraient réduits à périr de soif, parce qu'on ne trouve point d'eau sur la route. Le chameau se charge des fardeaux les plus pesans, les porte avec autant de patience que de légèreté, et ne demande point de rafraîchissement dans sa marche. Lorsqu'il est parvenu au terme du voyage, il s'agenouille de lui-même, afin que son maître puisse atteindre à la hauteur de son dos pour le décharger.

Je pourrais vous dire des choses étonnantes d'une quantité d'autres animaux; mais j'espère que vous aurez assez de curiosité pour vous instruire un jour, dans des livres d'histoires naturelle, de tout ce qui les concerne.

Il y a, en Angleterre, des gens assez cruels pour trouver de l'amusement à ces meurtres.

LA POULE.

Si vous avez fini de déjeûner, et que vous ne sentiez pas de fatigue, nous irons dans la basse-cour. Prenons chacun une poignée de grain : je suis sûre que nous serons bien venus.

Voyez quelle nombreuse couvée de poussins a cette poule blanche! Elle prend autant de soin d'eux que la femme la plus tendre de ses enfans. Henri, ne cherchez point à attraper les petits poulets; elle volerait sur vous. Hier encore ils étaient dans la coquille. Elle avait posé ses œufs dans un panier au coin de la volière. Elle les a couvés pendant trois semaines, et ne les a quittés qu'un moment à la dérobée pour manger, de peur qu'ils ne périssent de froid, s'ils étaient privés de la chaleur qu'elle leur communique. Aussitôt qu'ils ont été assez forts, ils ont rompu la coquille, et sont sortis d'eux-mêmes. Elle leur apprend déjà à fouiller du bec dans la terre, pour chercher du grain et des vermisseaux, Lorsqu'elle craint que quelqu'un n'ait envie de leur faire du mal, elle s'élance sur lui avec la fureur et le courage d'un lion. Pauvre poule, que vas-tu devenir? Voyez-vous cet oiseau de proie qui la guette? Oh, comme cette tendre mère est effrayée! Les petits poussins se couchent sur le dos, attendant à tout moment d'être emportés dans les serres de leur ennemi. Leur mère court autour d'eux dans des angoisses mortelles; car il est trop fort pour qu'elle puisse le combattre. Allez, Henri, appelez Thomas, et dites-lui d'accourir tout de suite avec son fusil. Va, ma pauvre poule, l'épervier n'aura pas tes petits. — Maintenant que nous l'avons chassé, viens chercher le grain que nous t'avons apporté pour ta famille.

Nous avons besoin d'œufs, Charlotte; voyez s'il y en a dans le poulailler. Bon, vous en avez trois. Il sont pondus d'aujourd'hui. Il n'y a pas encore de poulet vivant dans la coquille; mais, si nous les laissions quelque temps sous la poule, il viendrait un poulet dans chacun. Toute espèce de volaille et d'oiseau vient aussi d'œufs, plus ou moins gros, suivant la grosseur de l'animal qui les produit.

Il est possible de faire éclore les œufs dans des fours; et j'ai lu que c'était l'usage ordinaire en Égypte. Aussitôt que les jeunes poussins sortent de leur coquille, ils sont mis sous la tutelle d'une poule, qui, ayant été dressée à cet emploi, les conduit et les élève, becquetant pour eux avec la même tendresse que si elle était leur véritable mère. Certainement c'est une chose très-curieuse; mais je suis bien loin d'approuver ces procédés contre nature. Nous pouvons bien avoir un nombre suffisant de poulets par la méthode naturelle, si nous leur donnons les soins qu'ils demandent. Je suis ravie de savoir qu'on a voulu essayer, dans ce pays, de faire naître les poulets dans des fours, et qu'on a rejeté ce moyen.

Il y a une autre coutume aussi bizarre, mais qui cependant est très-commune parmi nous ; c'est de mettre des œufs de cane couver sous une poule. Vous auriez peine à concevoir la détresse que cela occasione à cette seconde mère. Ignorant l'échange qui a été fait, elle suppose qu'elle a couvé ses propres petits; car elle n'a pas assez d'intelligence pour réfléchir sur cet objet. C'est pourquoi, lorsqu'elle voit les canetons se plonger dans l'eau, suivant leur instinct, elle est saisie pour eux des craintes les plus vives, tremblant qu'ils ne se noient. Cependant elle n'ose les suivre, parce qu'elle ne sait pas nager. Vous auriez pitié de la pauvre bête, en la voyant courir autour de la mare, appelant ses nourrissons, et remplissant l'air de ses plaintes.

Il est fâcheux d'être obligé de tuer les pauvres poulets; mais, comme je vous l'ai dit au sujet des bœufs et des moutons, si nous les laissions tous vivre, ils mourraient de faim, ou nous réduiraient au même danger, en mangeant tout le grain de nos provisions, en sorte que nous n'aurions plus ni pain ni viande pour soutenir notre vie. Mais nous prendrons soin de les bien nourrir, de ne pas les tourmenter, et lorsque nous les tuerons, nous les ferons souffrir le moins possible. Je ne pourrais jamais me résoudre à égorger de mes mains une créature vivante ; je plains, sans les condamner, ceux qui, par état, sont forcés d'exécuter cette cruelle opération.

Les poules ont les pattes armées d'ongles très-pointus, pour pouvoir fouiller dans le fumier et devant la porte des granges, où elles trouvent toujours une provision suffisante de grains. Leurs pieds ont aussi plusieurs jointures, en sorte qu'en dormant la nuit, elles se tiennent fortement accrochées aux juchoirs; ce qui les empêche de tomber pendant leur sommeil.

Les coqs, leurs maris, ont autant de courage que de beauté, de force et d'orgueil. Ils combattent quelquefois entre eux jusqu'à ce que l'un ou l'autre reçoive la mort. Il y a, en Angleterre, des gens assez cruels pour trouver de l'amusement dans ces meurtres.

Ils prennent deux de ces belles créatures, et attachent à leurs jambes des éperons d'acier très-aigus; ensuite ils les mettent au milieu d'une place ronde couverte de gazon, et se tiennent tout autour, criant, jurant et faisant des paris insensés, tandis que les deux fiers combattans se déchirent de blessures si cruelles, qu'ils meurent quelquefois sur la place. O Henri! j'espère que vous ne prendrez jamais part à ces jeux barbares. Je vois que votre cœur se révolte au seul récit que je vous en fais! Je pourrais encore vous dire que ces spectacles ont causé souvent la ruine de ceux qui risquaient leur fortune sur l'événement du combat; mais je me flatte qu'avant de devenir homme, vous prendrez des sentimens d'humanité qui vous en éloigneront pour toujours, sans avoir besoin de ce motif.

Je veux vous parler d'une autre espèce de barbarie exercée sur les coqs par de méchans petits garçons. Le jour du mardi gras, ils s'assemblent par bandes et conviennent de jeter tour-à-tour des bâtons à l'une de ces innocentes créatures. Le premier tire, et lui casse quelquefois une jambe. Cela est réparé, à ce qu'ils disent, par un morceau de bois qu'ils lient tout autour pour la soutenir. Le second lui crève peut-être un œil; le troisième lui brise peut-être une aile, et rarement un coup manque de lui casser quelqu'un de ses membres délicats. Aussi long-temps qu'il lui reste des forces, le pauvre oiseau tourmenté cherche à s'échapper de ses bourreaux; mais la violence de la douleur le force bientôt de tomber. S'il montre le moindre signe de vie, il a de nouveaux tourmens à souffrir. Ils mettent sa tête dans la terre pour le ranimer, à ce qu'ils prétendent. La malheureuse volaille se débat, de peur d'étouffer, et la persécution recommence. Quelques coups de plus achèvent ce jeu barbare. Elle tombe tout-à-fait morte, tandis que ses meurtriers triomphent sur son cadavre, et s'appellent eux-mêmes de petits héros. Que pensez-vous de ces enfans, Henri? N'y a-t-il pas bien plus de plaisir à voir ce noble oiseau becquetant à la porte de la grange; ou perché sur son fumier, battant des ailes et poussant des cris de joie, que de le voir déchiré d'une manière si cruelle; de voir ses yeux, jadis si pleins de feu, maintenant éteints sous sa paupière mourante, et son beau plumage souillé de boue et de sang?

LE PAON, LE COQ-D'INDE, LE FAISAN, LE PIGEON.

Éloignons de notre esprit de si tristes images, pour reposer nos regards sur ce paon majestueux. Avez-vous vu jamais une plus brillante parure? Avec quel orgueil il étale en forme de roue sa queue étoilée! on dirait que le soleil se plaît à la faire étinceler des plus vives couleurs. Une de ses plumes est tombée à terre; examinez-la bien : plus vous la regarderez de près, plus elle vous paraîtra admirable. Ses pieds ne sont pas, à beaucoup près, si beaux; tant il est vrai qu'on ne possède jamais tous les avantages!

La chair du paon est assez bonne à manger. Elle servait même autrefois dans les festins d'appareil de la chevalerie. Mais qui pourrait se résoudre à égorger un si bel oiseau?

Ne soyez pas effrayé de ce coq-d'Inde, Henri. Il a l'air fanfaron; mais il ne possède en effet que très-peu de courage. Marchez à lui sans crainte; il fuira devant vous. Une taille haute, vous le voyez, n'annonce pas toujours un grand cœur.

Cet oiseau nous vient de l'Inde; mais il s'est fort bien naturalisé dans ce pays, et sa chair est d'un très-bon goût.

Ne croiriez-vous pas que l'on a peint et doré le plumage de ces faisans de la Chine? Ils sont moins beaux que le paon, mais ils sont plus variés. Voyez aussi quelle diversité de couleurs dans ces pigeons. Les plumes de tous ces oiseaux nous servent pour mille embellissemens dans notre parure. Et jusqu'à celles du hibou, il n'en est pas qui ne soient dignes d'occuper nos regards, d'exciter notre admiration et de satisfaire notre curiosité.

LE CYGNE, L'OIE, LE CANARD.

Prenez garde, Henri; n'approchez pas tant du bord du canal. Venez à mon côté. Bon! donnez-moi la main. Nous sommes assez près pour être à portée de voir ce cygne superbe. Comme il navigue majestueusement sur les eaux, sans en troubler la surface! Voyez-le déployer de temps en temps ses ailes argentées, et plonger son cou long et recourbé. Voyez sa compagne, avec quelle fierté elle conduit sa naissante famille! Ses petits ne sont encore que d'un gris cendré; mais bientôt l'œil sera ébloui de la blancheur de leur plumage.

Cette pauvre oie, qui ressemble tant au cygne pour la forme, est bien loin d'avoir sa grâce et sa beauté! Elle ne fait que criailler d'une voix rauque et glapissante, et se dandiner niaisement dans sa lourde allure. Gardons-nous toutefois de la mépriser, pour n'avoir pas les avantages extérieurs de sa rivale. Le cygne n'a rien à nous fournir que son duvet pour nos houppes à poudrer, nos manchons, la garniture de nos robes et de nos pelisses. L'oie, au contraire, nous donne sa chair pour nos repas, et nous lui sommes en quelque sorte redevables de tous les livres de science et d'agrément que nous lisons, puisqu'avant d'être imprimés ils ont d'abord été écrits avec des plumes tirées de ses ailes.

Regardez à présent cette cane, suivie de sa jeune couvée de canetons. Où courent-ils donc ainsi, d'un air si empressé? Bon : les voilà tous dans l'eau. Voyez avec quelle assurance ils y plongent! Vous auriez, j'imagine, une belle frayeur à leur place.

Le cygne, l'oie et le canard sont des oiseaux aquatiques, et vivent sur l'eau et sur la terre. Remarquez, je vous prie, leurs pattes : vous verrez que toutes les parties en sont liées ensemble par une mince membrane. Il en est de même de tous les oiseaux d'eau. Ils les emploient comme ces rames dont vous avez vu les bateliers se servir pour conduire leur chaloupe.

LES OISEAUX DE PASSAGE.

Il est plusieurs espèces d'oiseaux appelés oiseaux de passage, tels que les grues, les canards sauvages, les pluviers, les bécasses, les hirondelles, etc., qui ne résident pas constamment dans un même endroit, mais qui vont de pays en pays, cherchant un climat favorable, suivant les différentes saisons de l'année. Ils se réunissent tous ensemble en un certain jour marqué, et prennent leur vol en même temps. Plusieurs traversent les mers, et volent jusqu'à trois cents lieues; ce que l'on aurait de la peine à croire, sans le témoignage répété de plusieurs voyageurs dignes de foi.

OISEAUX ÉTRANGERS.

Je ne finirais pas de la journée, si j'entreprenais de vous peindre les oiseaux qui vivent dans ce pays. Que serait-ce donc, si je voulais vous entretenir de tous ceux que l'on a reconnus sur les différentes parties de l'univers! Il est des livres fort amusans où l'on a fait leur histoire, et où vous pourrez les voir représentés avec leurs couleurs naturelles. En attendant que vous soyez en état de lire ces ouvrages avec fruit, je me borne à vous parler de deux oiseaux seulement, et je choisirai le plus petit et le plus grand de toute l'espèce, le colibri et l'autruche.

LE COLIBRI.

La nature semble avoir pris plaisir à former la taille élégante du colibri, et à rassembler sur son plumage les plus belles couleurs dont elles a peint celui des autres oiseaux. Les nuances en sont si délicates et si bien mélangées, que son coloris semble varier à chaque nouveau coup d'œil. Sa queue est composée de neuf plumes, qui vont s'allongeant en éventail; et les deux dernières sont deux fois plus longues que tout son corps. Le mâle porte sur sa tête une petite huppe, où sont réunies toutes les teintes qui brillent sur ses ailes. Ses yeux sont noirs, et étincellent de vivacité. Son bec, de la grosseur d'une aiguille, est long et un peu courbée. Sa langue, qu'il en fait sortir bien au-dehors, lui sert à pomper jusqu'au fond du calice des fleurs la rosée qui les baigne, ou à gober les petits insectes qui s'y réfugient. Il se nourrit aussi de la poussière des fleurs d'orange, de citron et de grenade, qu'il recueille en voltigeant comme un papillon, presque toujours sans s'y reposer. Son vol est si rapide, qu'on entend cet oiseau plutôt qu'on ne le voit. Le mouvement de ses ailes produit un bourdonnement pareil à celui des grosses mouches. Il se balance comme elles dans l'air, et paraît quelquefois y rester immobile.

Dans les contrées où les fleurs n'ont qu'une saison, on dit qu'à la fin de leur règne il se tapit sur la branche d'un arbre, et y reste dans un état d'engourdissement jusqu'à leur retour; mais, dans les pays où les fleurs se succèdent sans cesse, on a le plaisir de le voir toute l'année.

Il aime à suspendre son nid aux rameaux des orangers, qui ne plient certainement pas sous la charge. Ces nids, dont la forme est celle d'une demi-coque d'œuf, sont construits avec de petits brins d'herbe sèche, et tapissés d'une espèce de coton très-fin et très-doux. La femelle ne pond que deux œufs de la grosseur d'un pois, qu'elle couve avec beaucoup de soin et de tendresse. Quand les petits sont éclos, ils ne paraissent pas plus gros que des mouches. Peu à peu ils se couvrent d'un duvet aussi léger que celui des fleurs, et bientôt après de plumes brillantes.

Lorsque le père et la mère s'éloignent pour aller leur chercher de la nourriture, certains oiseaux, qui sont très-friands de la couvée, veulent profiter de cette absence pour saisir leur proie; mais les parens sont toujours au guet; ils reviennent prompts comme l'éclair, poursuivent intrépidement l'ennemi de leur jeune famille, et lorsqu'ils peuvent l'atteindre, ils ont l'adresse de se cramponner sous son aile, et le percent, avec leur bec effilé, de mille blessures.

La manière de les prendre est de leur jeter une poignée de gros sable lorsqu'ils volent à une petite portée, ce qui les étourdit, ou de leur tendre des baguettes enduites d'une glu luisante. Les petits friands y volent avec avidité ; mais leur langue, leurs pattes et leurs ailes s'y empêtrent, et les chasseurs, qui les épient, les saisissent avant qu'ils aient pu se débarrasser.

Un voyageur raconte à leur sujet une histoire intéressante, que vous ne serez sûrement pas fâchés d'apprendre. Je le devine par votre attention à m'écouter.

Un de ses amis, ayant pris un nid de ces oiseaux, les mit dans une cage à la fenêtre de sa chambre. Le père et la mère, qui voltigeaient de tous côtés pour les retrouver, ne tardèrent pas à les reconnoître ; et ils venaient d'abord leur apporter à manger à travers les barreaux. Bientôt ils se rendirent assez familliers pour entrer librement dans la chambre, puis dans la cage, puis pour manger et dormir avec leurs petits. Ils prirent enfin tant d'amitié pour le maître de la maison, qu'ils allaient quelquefois tous les quatre ensemble se percher sur son doigt, criant *serep, serep, serep,* comme s'ils eussent été sur une branche d'arbre. On leur faisait une bouillie de biscuit, de vin d'Espagne et de sucre. Ils venaient y passer légèrement leur langue, et quand ils étaient rassasiés ils voltigeaient dans la maison et au dehors, revenant à tire d'aile au moindre son de la voix de leur père nourricier. Il les conserva de cette manière pendant cinq ou six mois, dans la douce espérance d'avoir bientôt de nouveaux rejetons de cette jolie famille ; mais, ayant oublié un soir d'attacher la cage où ils se retiraient à un cordon suspendu au plancher, pour les garantir des rats, il eut la douleur de ne plus les retrouver le lendemain à son réveil.

On a trouvé le secret de leur conserver si bien, même après leur mort, le vif éclat de leurs couleurs que les femmes du pays les portent à leurs oreilles en guise de girandoles. On fait aussi de leurs plumes de belles tapisseries et des tableaux charmans.

L'oiseau-mouche, ainsi nommé à cause de sa petitesse, est de l'espèce du colibri.

L'AUTRUCHE.

L'Autruche tient, parmi les oiseaux, le même rang que l'éléphant parmi les quadupèdes. Elle est la plus grande de toute la gente volatile. Sa hauteur égalerait celle de Henri debout sur un cheval. Son cou est très-allongé, sa tête fort menue, l'un et l'autre couverts de poils au lieu de plumes. Ses yeux sont presque aussi grands que les nôtres, relevés d'une paupière mobile, et garnis de cils. Son corps, dont la grosseur est loin de répondre à la grandeur de sa sa taille, est monté sur des cuisses sans plumes jusqu'aux genoux, et sur des jambes très-hautes, qui se terminent en pieds de corne semblables à ceux des chameaux, mais avec des griffes très-fortes. La nature lui ayant donné des ailes trop courtes et des plumes trop molles pour pouvoir s'élever dans les airs, elle sait en user comme d'une voile pour accélérer sa course, aidée d'un vent favorable. Ces ailes sont armées, chacune à leur extrémité, de deux ergots qui lui servent de défense.

L'autruche est très-vorace, et se nourrit de tout ce qu'elle rencontre ; c'est de là que l'estomac d'autruche est passé en proverbe. Elle pond plusieurs fois l'année, et chaque fois douze à quinze œufs fort gros, qu'elle dépose dans le sable pour que le soleil les échauffe pendant la journée ; le soir, à son tour, elle se charge de ce soin dans les pays où les nuits sont froides. La coque de ces œufs acquiert avec le temps une si grande dureté, qu'on la travaille comme l'ivoire pour en faire des coupes très-solides.

Ces oiseaux se réunissent dans les déserts en troupes nombreuses, qui de loin ressemblent à des escadrons de cavalerie. Leur chasse est un des plus grands plaisirs des seigneurs de la contrée. Ils les poursuivent, montés sur des chevaux barbes de la plus grande vitesse, avec lesquels toutefois ils ne pourraient les atteindre, s'ils n'avaient la précaution de les pousser contre le vent, et de lâcher à leurs trousses des levriers pour leur couper le chemin et les arrêter un peu. Elles font des crochets dans leur fuite comme les lièvres.

Les chasseurs emploient quelquefois une ruse plaisante pour les attraper. Ils se revêtent d'une peau d'autruche, élèvent et réunissent leurs bras dans le cou, et le font jouer, ainsi que la tête et les autres membres, à la manière des véritables autruches; celles-ci approchent ou se laissent approcher sans défiance, et se trouvent prises à l'improviste.

La tête de ces oiseaux n'étant défendue que par un crâne très-mince, c'est cette partie qu'il cherchent à mettre en sûreté, laissant le reste de leur corps à découvert. Toute leur force est dans leur bec, dans les piquans du bout de leurs ailes, et surtout dans leurs pieds. Ils peuvent renverser un homme d'une ruade. On prétend même qu'en fuyant ils lancent des pierres avec une extrême roideur.

Les autruches sont d'un naturel très-sauvage. Cependant, à force de soins, on vient à bout de les apprivoiser et de les monter comme un cheval. On a vu une jeune autruche porter deux nègres à la fois sur son dos avec plus de rapidité que le plus leger coureur.

Les plumes d'autruche se blanchissent et se teignent de diverses couleurs. On les prépare pour servir de parure à la coiffure des femmes, aux chapeaux des militaires, et aux casques des acteurs sur les théâtres, comme aussi pour orner l'impériale des lits et les dais d'église. Les plumes des mâles sont les plus estimées parce qu'elles sont plus larges, plus épaisses, et qu'elles prennent mieux la couleur que celles des femelles.

Les plumes grisâtres qu'elles ont sous le ventre fournissent aux fourreurs des garnitures de robes et de manchons.

LES NIDS D'OISEAUX.

Regardez entre ces arbres, Charlotte. N'est-ce pas le petit Jules que je vois venir à notre rencontre ? Oh ! c'est bien lui : je le reconnais à ses gambades. Il me paraît à cette allure qu'il a des nouvelles agréables à nous annoncer. Il porte quelque chose. Qu'avez-vous donc là, mon enfant ? Un nid d'oiseaux ? Fi ! comment dérober à ces pauvres créatures ce qui leur a coûté tant de peines et de travail ! Les petits, dites-vous, s'en étaient déjà envolés. A la bonne heure. Henri prenez doucement ce nid dans votre main, et regardez-le avec attention. Je vous dirai comment les oiseaux l'ont construit.

Deux d'entre eux sont convenus de vivre ensemble ; car, s'ils ne peuvent pas s'exprimer comme nous, ils savent fort bien se faire entendre l'un à

INTRODUCTION FAMILIÈRE.

l'autre. Ils ont prévu que le printemps leur donnerait des petits, et leur premier soin a été de leur bâtir d'avance une jolie habitation. Après avoir cherché sur les arbres ou dans les buissons l'endroit le plus propre à s'établir, ils ont commencé l'édifice par le dehors, entrelaçant avec leurs becs des brins de bois et de paille, et remplissant tous les vides avec de la mousse et du crin ramassés dans la campagne. Ensuite ils ont tapissé l'intérieur de légers flocons de laine, de duvet, de plumes et de coton. La femelle a pondu ses œufs sur ce lit douillet, et pendant quelques jours les a tenus constamment réchauffés de la douce chaleur de ses ailes, tandis que le mâle l'animait par ses caresses dans des soins si tendres, ou que, perché sur une branche voisine, il la réjouissait de ses plus jolies chansons. Enfin les petits sont éclos : aussitôt leurs parens, pleins de joie, se sont empressés de leur aller chercher de la nourriture, et sont revenus en la broyant dans leur bec. Les petits entendant le bruit de leurs ailes, ont soulevé la tête, se sont mis à crier tous à l'envi *chirp*, *chrip*, comme pour dire à moi, à moi. Aucun, grâces à Dieu, n'en a manqué. Afin de les garantir de la fraîcheur des nuits, la mère a continué de les couvrir de ses plumes, et dès l'aurore le père a volé leur chercher une nouvelle nourriture. Ainsi se sont comportés ces tendres parens, jusqu'à ce qu'ils aient vu les petits en état de se soutenir sur leurs ailes. Alors ils les ont instruits à voltiger de branche en branche, puis à se hasarder un peu dans les airs. Enfin ils leur ont fait prendre l'essor, pour leur indiquer les endroits où ils trouveraient leur subsistance. C'est alors que leurs soins ont cessé ; leurs enfans n'en avaient plus besoin : ils sont déjà aussi habiles qu'eux-mêmes. Vous les verrez l'année prochaine construire aussi des nids à leur tour, et faire pour leur jeune famille ce que leurs parens viennent de faire pour eux.

Je sens toujours de l'indignation contre ceux qui vont lâchement dérober des nids d'oiseaux, lorsque je pense combien de voyages ont fait ces pauvres créatures pour rassembler tous les matériaux qui leur étaient nécessaires, et quelle a dû être la difficulté de leur travail, sans autres instrumens pour bâtir que leurs becs et leurs pates.

Nous n'aimerions pas à être chassés d'une bonne maison bien close et bien commode, quoique peu d'entre nous eussent l'adresse d'en construire. Les fermiers, il est vrai, se trouvent dans la nécessité de détruire autant qu'ils peuvent quelques espèces d'oiseaux qui dévorent leurs récoltes. D'ailleurs il ne manque point d'oiseaux de proie, tels que les éperviers et les milans, pour leur faire une rude guerre. Ainsi je pense qu'ils ont assez d'ennemis sans les petits garçons. Pour moi, je ferais volontiers le sacrifice d'une partie de mes fruits pour les payer de leur musique; et je ne voudrais pas tuer ce merle joyeux qui chante si gaîment dans le verger, même quand il devrait manger toutes mes cerises.

Vous avez un serin de Canarie dans votre cage,

Charlotte, j'espère que vous aurez soin de le tenir propre et de le bien nourrir. Il n'a jamais connu le prix de la liberté; ainsi il n'éprouve point le regret de l'avoir perdue. Au contraire, si vous lui donniez la volée, il mourrait peut-être de faim, faute de la nourriture qu'il aime. De plus, il ne pourrait pas résister aux rigueurs de l'hiver, parce qu'il est d'une espèce qu'on a transportée d'un pays beaucoup plus chaud que le nôtre. Mais, si vous preniez un pauvre oiseau accoutumé à voler dans les bois, à sautiller de branche en branche, à gazouiller dans l'épaisseur des buissons, il commencerait d'abord à se tourmenter, à se frapper la tête contre les barreaux de la cage; enfin, lorsqu'il verrait qu'il ne peut sortir, il irait se tapir tristement dans un coin; il refuserait de manger et de boire, jusqu'à ce que la faim et la soif l'y obligeassent à la dernière extrémité, et il mourrait peut-être avant que d'avoir pu s'accoutumer à sa prison.

J'ai connu un petit garçon, très-bon enfant d'ailleurs, mais qui aimait tant les oiseaux, qu'il se servait de tous les moyens pour en avoir. Un jour il venait de leur tendre des lacets et de leur dresser des trappes, lorsqu'on vint le chercher de la ville de la part de sa maman; il partit aussitôt, oubliant, dans l'étourderie de son âge, d'aller défaire ses pièges ou d'en parler à personne dans la maison. Il ne revint qu'au bout de huit jours; et la première nouvelle qu'il apprit fut qu'un pauvre roitelet avoit été malheureusement écrasé sous une trappe, et qu'une fauvette s'était cassé la jambe dans les nœuds d'un lacet. Dites-moi, je vous prie, mon cher Henri, si vous n'auriez pas eu bien de la douleur, à sa place, d'avoir fait souffrir une fin cruelle à deux si gentilles créatures, qui, loin de lui avoir fait aucun mal, avaient peut-être cent fois réjoui ses yeux par la légèreté de leur vol, ou charmé ses oreilles par la douceur de leur ramage.

LES ABEILLES.

La bonne Geneviève vient de nous apporter un rayon ou gâteau de miel nouveau. Vous allez en goûter, et vous le trouverez exquis. Vous rappelez-vous qu'il y a deux mois environ nous avons vu un essaim d'abeilles sortant d'une ancienne ruche? Nicolas, qui les guettait depuis une demi-heure, ne les aperçut pas plus tôt en l'air que, se cachant le visage et les mains pour ne pas être piqué, il les fit s'abaisser sur un buisson en leur jetant de la poussière à pleines mains et les mit ensuite dans une ruche vide qu'il avait préparée exprès. Eh bien! voici une portion du travail qu'elles ont fait dans leur nouvelle demeure, et des provisions qu'elles y ont amassées.

Elles sont en très-grand nombre dans leur habitation, quelquefois même jusqu'à trente mille et plus;

cependant il règne parmi elles le plus grand ordre : dans chaque ruche une principale abeille, que nous nommons la reine, maintient l'ordre et la propreté, ne souffre pas que les abeilles restent oisives, les envoie dans les champs, dans les jardins, dans les prairies et les bois, chercher la cire et le miel dont elle règle l'usage. C'est elle qui veille à la construction des édifices de la ruche, à l'éducation des jeunes abeilles; et, quand cette jeunesse est en état de pourvoir à sa subsistance, elle les oblige à sortir de la ruche, sous la conduite d'une jeune reine de leur âge : c'est ce qui forme l'essaim dont je viens de vous parler.

Dès le jour que Nicolas a recueilli les jeunes abeilles dans la ruche, elles ont aussitôt, sans perdre un moment, travaillé à faire ces petites cellules que vous voyez, et qui sont en cire. Cette cire, qui est jaune quand elle sort des ruches, sert à donner au bois des meubles, au plancher, le luisant et la propreté. Elle entre dans la composition des onguens que l'on met sur les blessures; et, quand on l'a fait blanchir, on l'emploie à faire la bougie qui nous éclaire, les cierges que vous voyez dans l'églige, et mille autres choses très-utiles.

Vous souvenez-vous, Henri, qu'hier soir ayant mis votre petit nez au milieu d'un lis pour en sentir l'odeur, vous l'avez rétiré tout couvert d'une poussière jaune? eh bien! c'est avec ces petits grains de poussière que les abeilles font leurs cellules de cire; elles les trouvent en très-grande abondance sur les lis; il y en a moins dans les autres fleurs simples, et point dans les doubles. Pendant que la construction avance, d'autres abeilles vont sur les fleurs recueillir le miel qui se trouve au milieu du calice des fleurs simples, et sur les feuilles de certains arbres: elles l'apportent dans leur petit estomac, et le dégorgent dans les cellules, qu'elles ferment avec de la cire quand elles les ont remplies.

Ces provisions leur servent pour se nourrir pendant les jours qu'elles ne sortent pas, à cause des pluies et des froids; et comme elles travaillent continuellement, elles en amassent plus qu'il ne leur en faut; c'est le superflu que Nicolas leur a ôté, et dont on vient de nous apporter une partie.

A présent, ouvrons ces petites cellules: voyez comme le miel est pur! Vous le trouvez bon, mes enfans; j'en suis charmée. Charlotte, vous voulez voir ces abeilles près de leur ruche; eh bien, mes amis, je vous y menerai; mais je vous préviens que leur piqûre fait beaucoup de mal. J'ai vu un petit garçon de l'âge de Henri, qui, après avoir fouetté sa toupie, s'approcha d'une ruche; et comme les abeilles étaient tranquilles, il y introduisit le manche de son fouet, en le remuant avec vivacité; les abeilles en fureur sortirent et se jetèrent sur lui, il fut bien piqué, et s'enfuit en jetant des cris; il souffrit beaucoup, et personne ne le plaignit, parce qu'il s'était attiré ce malheur. S'il se fût approché des abeilles avec tranquillité, et sans les effaroucher, il eût pu les regarder sans le moindre danger.

INTRODUCTION FAMILIÈRE.

Venez, mes amis, nous allons les voir; vous les craignez, parce qu'elles font beaucoup de bruit; c'est ce qui a lieu les jours de beau temps, depuis midi jusqu'à trois heures, parce que les abeilles sortent en grand nombre pour se récréer et prendre l'air.

Les petites abeilles que vous voyez sont les ouvrières de la ruche, les travailleuses; ce sont elles qui construisent les édifices en cire, comme celui que vous a apporté la bonne Geneviève; ce sont elles qui vont chercher le miel, qui entretiennent la propreté dans la ruche, qui veillent à la porte pour en défendre l'entrée; elles gardent aussi la reine qui ne sort point. Ces grosses mouches noires, qui font beaucoup de bruit en volant, sont les papas de la ruche. Vous me demandez, Charlotte, pourquoi ces papas font tant de bruit en volant ? Vous trouvez que leur chant n'est pas agréable. Mes amis, ce bourdonnement ne sort pas de leur bouche; les abeilles, et toutes les mouches que nous voyons, ont sous les ailes de petits trous par où l'air entre dans leur corps et en ressort; c'est l'agitation de leurs ailes sur ces petits trous qui cause le bourdonnement que nous entendons; c'est comme la toupie d'Allemagne de Henri. Cette toupie creuse est percée d'un petit trou; plus elle tourne vite, plus le bourdonnement est fort : aussi plus les mouches agitent leurs ailes, et plus elles sont grosses, plus le bourdonnement est considérable.

Il y a d'autres espèces d'abeilles qui ne vivent pas en commun comme celles-ci; on les nomme *abeil-*

les solitaires ; telle que l'abeille *perce-bois,* qui fait des trous dans des morceaux de bois et s'y loge; l'abeille *mâçonne,* qui fait son nid avec de la terre humectée ; la *cardeuse,* la *coupeuse de feuilles,* la *tapissière,* et beaucoup d'autres espèces, les œuvres du Créateur étant variées à l'infini. Vous me demandez, Charlotte, pourquoi on appelle une espèce *abeille tapissière?* C'est, mes amis, parce qu'elle tapisse sa petite demeure, et voici comment elle s'y prend.

Elle fait un trou dans la terre, de la profondeur d'un des doigts de Henri, elle va ensuite chercher de la fleur de coquelicot, et commence par tapisser l'entrée avec un petit rebord, de manière que l'on voit un petit trou dans la terre, entièrement bordé de rouge; elle retourne chercher de la même fleur, et tapisse tout l'intérieur en descendant; enfin, elle tapisse le fond : cette opération finie, elle dépose ses œufs dans le trou, avec une pâtée de miel pour la nourriture de ses petits quand ils écloront; enfin, elle détache les bords extérieurs de sa tapisserie, les pousse dans le trou, les recouvre de terre qu'elle bat pour l'affermir : rien n'est plus admirable.

LES PAPILLONS, LES CHENILLES ET LES VERS A SOIE.

Après quoi donc courez-vous si vite, Henri? Oh! c'est un papillon! Vous l'avez attrapé? Ne serrez pas

INTRODUCTION FAMILIÈRE.

vos doigts, de peur de blesser la délicate et frêle créature. Vous croyez peut-être avoir pris un petit oiseau qui n'a fait que voltiger toute sa vie? non, non, il n'en est pas ainsi. Tel que vous le voyez si leste et si brillant, il n'y a que peu de jours qu'il rampait à terre sous la forme d'une chenille hideuse. En voici une. Regardez-la de tous vos yeux. Découvrez-vous sur son corps rien qui ressemble à des ailes? Non sans doute. Eh bien, cependant elle viendra papillonner un jour autour de cette fleur sur laquelle vous la voyez se traîner si pesamment aujourd'hui.

On compte plusieurs espèces de chenilles; mais je ne vous parlerai que des vers à soie, parce que c'est l'espèce dont l'histoire est la plus curieuse et la plus intéressante pour nous.

Les vers à soie, avant leur naissance, sont renfermés en de petits œufs, que l'on conserve dans un lieu sec jusqu'au retour du printemps. Alors on les expose à une chaleur douce, et on en voit sortir de petits vers grisâtres, que l'on met soudain sur des feuilles détachées d'un arbre qu'on appelle mûrier, qu'ils aiment de préférence pour leur nourriture. Ils grossissent fort vite; car aussitôt qu'ils sont nés ils se mettent, d'un grand appétit, à manger de ces feuilles, et ils en mangent tout le long de la journée. Au bout de neuf à dix jours leur peau se détache de leur corps, et ils paraissent beaucoup moins hideux avec leur robe nouvelle. Ils en changent trois fois encore, de sept jours en sept jours, et la dernière, ce sont de jolis vers très-blancs, à peu près de la longueur et de la grosseur de l'un de vos doigts. Ils commencent bientôt à devenir jaunâtres et transparens; leur corps grossit et se ramasse, et ils cessent absolument de manger : c'est le temps où ils se disposent à se mettre à l'ouvrage. Ils grimpent le long de petits brins de genêt ou de bruyère qu'on plante autour d'eux en forme d'arcade, et attachent d'abord, de tous côtés, des soies qu'ils filent un peu grosses, pour y suspendre leur coque. Ils en forment l'extérieur avec une espèce de bourre qu'on nomme fleuret; puis au-dessous de cette enveloppe grossière ils commencent leur véritable coque, en appliquant des fils plus déliés à cette bourre, qu'ils foulent continuellement avec leur tête, pour donner à l'intérieur de leur édifice une forme ronde, et de la capacité d'un œuf de pigeon. Dès le premier jour ils se dérobent entièrement à l'œil, sous l'épaisseur de leur travail; mais la besogne n'est pas encore achevée. Il leur faut un ou deux jours de plus pour terminer en dedans leur ouvrage. Le dernier tissu qui les environne immédiatement est le plus difficile; car il est plus serré que l'étoffe la mieux fabriquée.

C'est de ces coques, appelées ordinairement cocons, que l'on tire d'abord le fleuret qui sert à faire la filoselle, et ensuite la soie employée dans nos ameublemens et dans nos habits. Si nous venions à perdre ces insectes, il n'y aurait plus ni taffetas, ni satin, ni velours.

Pour retirer la soie, on jette dans l'eau bouillante tous les cocons, excepté ceux que l'on réserve pour avoir des œufs, comme je vous le dirai tout à l'heure. Les personnes accoutumées à ce travail en ont bientôt trouvé le premier bout. Elles sont obligées de joindre plusieurs brins ensemble, pour en faire un d'une grosseur raisonnable, et elles le dévident sur de petites bobines. Croiriez-vous que chacun de ces fils a près de mille pieds de longueur?

Je vous ai dit que l'on mettait à part les cocons destinés à donner des œufs. Si vous en ouvrez un avec des ciseaux, que pensez-vous que l'on trouve au dedans? un ver à soie? Oh! non, rien qui lui ressemble du tout. On n'y trouve plus qu'une chrysalide, c'est-à-dire, un petit corps sans tête ni pates qu'on puisse voir. Vous le prendriez pour une fève desséchée. Cependant, si vous touchez une de ses extrémités, vous le voyez se remuer un peu; ce qui annonce qu'il n'est pas mort. En effet, là-dessous est un papillon bien enmaillotté, qui déchire ses langes au bout de vingt jours, perce lui-même sa coque, et en sort avec deux yeux noirs, quatre ailes, de longues jambes, et un corps couvert d'une espèce de plumes. Le mâle et la femelle font aussitôt leur petit ménage; et lorsque celle-ci a pondu ses œufs, au nombre de quatre ou cinq cents, ils meurent l'un et l'autre, laissant pour l'année suivante une nombreuse famille, propre à leur succéder.

Vous voudriez élever des vers à soie, Charlotte? Je serai bien aise que vous puissiez étudier de vos propres yeux les merveilles opérées par la nature dans les métamorphoses et le travail de ces insectes.

Je vous laisserai volontiers la satisfaction d'en élever quelques-uns, et je me charge de vous instruire alors de tous les soins qu'ils demandent. Leur éducation entraîne beaucoup d'embarras, dans les pays où l'inconstance des saisons exige qu'ils soient continuellement renfermés dans de grandes chambres. Il est des pays, au contraire, où ils naissent sur les mûriers se nourrissent d'eux-mêmes, et filent parmi les feuilles. Ce doit être un joli coup d'œil de voir ces cocons briller, comme des prunes d'or et d'argent, au milieu de la douce verdure !

Les différentes espèces de papillons sont très-nombreuses : le nombre des espèces de chenilles est aussi grand, puisqu'il n'est pas un papillon qui n'ait été chenille, puis chrysalide, avant de prendre des ailes, comme je viens de vous le dire du papillon de ver à soie, qui n'est lui-même qu'une chenille.

Une chose bien digne de notre admiration, c'est l'instinct que la nature donne à toutes les chenilles de se former une retraite pour le temps où l'état immobile de chrysalide les exposerait sans défense à leurs ennemis. Les unes, à l'exemple des vers à soie, filent des coques impénétrables, où elles s'enveloppent ; les autres se creusent sous terre de petites cellules bien maçonnées, celles-ci se suspendent par les pieds de derrière ; celles-là se lient par une espèce de ceinture qui les embrasse et les soutient. C'est ainsi que, sous une apparence de mort extérieur, tout leur corps travaille, pour certaines espèces, même pendant plus d'une année, à prendre la nouvelle

INTRODUCTION FAMILIÈRE. 85

forme qui doit renouveler leur existence, en les faisant passer de la condition d'un ver obscur qui rampe sous nos pieds, à celle d'un oiseau brillant qui voltige au-dessus de nos têtes.

Les variétés qu'on remarque entre les papillons les ont fait partager en plusieurs classes : l'histoire de chacune offre des particularités fort curieuses. Ces insectes qui, sous leur première forme, ne nous inspiraient que du dégoût et de l'horreur, deviennent, sous leur forme nouvelle, les objets de notre admiration, et nous inspirent même en leur faveur une sorte d'intérêt. L'éclat des couleurs dont leurs ailes sont peintes; les sucs délicats dont ils se nourrissent; le bonheur dont ils semblent jouir dans le court espace de leur vie; les métamorphoses par lesquelles ils sont parvenus à cet état; tout en eux réveille des idées gracieuses, et excite la curiosité sur une destinée aussi singulière. J'espère que vous goûterez un jour autant de plaisir que moi-même à vous instruire de tous ces détails intéressans.

Je vous aurais encore parlé de plusieurs autres animaux, dont l'histoire nous offrirait mille particularités admirables, tels que les castors, les fourmis, etc., etc.; mais où pourrais-je m'arrêter, si je cherchais à vous peindre tous ceux qui doivent vous intéresser par leur instinct, leur forme et leur industrie? Ces détails m'entraîneraient trop loin des limites que je me suis tracées. C'est à regret que je me borne à vous les annoncer pour être un jour l'objet continuel de vos études et de vos plaisirs. Ce que je ne cesserai jamais de vous dire, c'est que, lorsque vous aurez pris du goût pour ses connaissances, rien ne pourra jamais vous paraître indifférent dans la nature.

Malgré la quantité prodigieuse d'animaux que nos yeux peuvent découvrir, il en est sans doute un plus grand nombre encore de ceux que leur petitesse dérobe à notre vue. Toutes les feuilles des arbres, des plantes et des fleurs, sont peuplées d'une infinité d'insectes invisibles; il n'est peut-être pas un grain de sable qui ne soit un monde pour ses habitans. Qui sait si un ciron n'est pas un éléphant aux yeux d'une foule d'autres créatures d'une espèce inférieure? Voici un microscope, c'est-à-dire un instrument qui grossit les objets, comme le télescope les rapproche. Charlotte, allez-moi, je vous prie, chercher ce vinaigre que je tiens, depuis quelques jours, exposé au soleil. Je vais en mettre ici un goutte. Approchez-vous, et voyez. Doucement, Henri; ce n'est pas tout d'être philosophe, il faut encore être poli : laissez regarder votre sœur la première. A votre tour maintenant. Eh bien, ne découvrez-vous pas une multitude de petits animaux qui s'agitent avec une extrême vivacité! Vous voyez, par cet exemple, qu'une recherche attentive peut nous faire pénétrer chaque jour de nouvelles merveilles. Quand notre vie serait cent fois plus longue, nous ne viendrions jamais à bout de découvrir tout ce qui est digne de notre curiosité.

Que dit votre frère, Charlotte? qu'il souhaiterait que ses yeux fussent des microscopes? Hélas! mon cher enfant, vous ne savez guère ce que vous désirez. Si vos vœux étaient accomplis, vous verriez, il est vrai, des choses très-surprenantes ; mais aussi ce que vous regardez maintenant avec plaisir deviendrait pour vous un objet de dégoût et d'horreur. Un homme vous paraîtrait si grand, que vous ne pourriez voir à la fois qu'une partie de sa taille : un bœuf vous semblerait plus haut qu'une colline; vous prendriez un ruisseau pour une rivière, un chat pour un tigre, une souris pour un ours : vous seriez continuellement exposé à des méprises ridicules ou dangereuses. Croyez-moi, contentez-vous de ce que vos yeux peuvent vous faire aisément connaître ce qui vous est utile ou nuisible ; aidez-vous des instrumens inventés pour suppléer à leur faiblesse dans les objets de pure curiosité; et surtout restez convaincus, à l'exemple de Frédéric et de Maurice, que *l'homme est bien comme il est*, pour jouir de tout le bonheur qu'il peut goûter sur la terre.

LA TERRE.

Entrez, entrez, Henri. Approchez-vous. Charlotte. J'ai de grandes choses à vous expliquer aujourd'hui. Regardez ce globe. Savez-vous quel est son usage ? Oh, non, j'imagine. Eh bien, le croiriez-vous ? si petit qu'il soit, il représente toute la terre.

INTRODUCTION FAMILIÈRE.

Lorsque vous étiez plus jeune encore, vous pensiez peut-être que le monde ne s'étendait pas audelà de la ville que vous habitiez, et que vous aviez vu tous les hommes et toutes les femmes qui le peuplent. A présent vous êtes un peu mieux instruits, car je crois vous avoir dit qu'il y a des millons et des millions d'autres créatures semblables à nous. En vous promenant dans la ville, vous avez été surpris de la multitude d'habitans qui se pressent en foule le long des rues, comme des abeilles dans une ruche, aussi nombreux et aussi affairés. Ce n'est pourtant que la moindre partie de ceux qui couvrent la face de la terre.

La terre est un globle énorme : celui que nous avons sous les yeux n'en est qu'une espèce de miniature. Vous y voyez une infinité de lignes droites ou tortueuses, tracées sur toute sa rondeur, et peintes, les unes en rouge, les autres en jaune ou en vert, etc. C'est pour distinguer les diverses états, comme les haies, dans les champs, distinguent les possessions des diverses particuliers.

Il n'était pas plus possible de retracer entièrement toutes les parties de la terre sur ce globe, qu'il ne l'était au peintre de faire entrer toute la grandeur du visage de votre maman sur le tableau que je porte à mon bracelet. Vous voyez cependant que le portrait lui ressemble ; et on aurait pu le faire encore plus petit.

On pourrait de même, en réduisant ces lignes, les retracer sur une orange; en les réduisant un peu

INTRODUCTION FAMILIÈRE.

plus, sur un abricot; et toujours ainsi en diminuant, sur une prune, une cerise, un grain de raisin. Allons plus loin encore. Voici un pois. Vous voyez combien il est plus petit que le globe? Cependant nous pourrions, avec autant d'adresse que ce graveur qui grava plusieurs mots sur un grain de millet, figurer en raccourci, sur le pois, ces grandes places jaunes, vertes et rouges, qu'on appelle France, Angletterre, Allemagne, etc., assez bien pour montrer quels sont les contours de ces pays, et leur situation, l'un par rapport à l'autre.

De la même manière que ce pois ressemblerait au globe, le globe ressemble à celui de la terre.

La surface de la terre n'est pas unie comme celle de ce globe; elle est hérissée de hauteurs, de collines et de montagnes, Mais quoiqu'elles nous paraissent très-élevées, et qu'elles le soient effectivement pour d'aussi petites créatures que nous, elles n'altèrent pas plus la rondeur de la terre, que des gains de sable posés sur ce globe, n'en pourraient altérer la rondeur. C'est pourquoi nous disons toujours qu'elle est ronde, malgré ces inégalités.

LA MER.

Tout ce que nous appelons le monde n'est pas composé d'une matière solide comme le sol que nous foulons à nos pieds. Entre les différentes parties de la terre il y a des places creuses et remplies d'eau. Les plus grandes que vous voyez répandues ça et là sur le globe sont appelées océans ou mers. Il y en a de moins étendues qu'on appelle lacs ou étangs. Elles ont cela de commun, qu'elles sont toujours renfermées entre les mêmes bords. Il y en a d'autres au contraire, tels que les ruisseaux, les rivières et les fleuves, qui changent sans cesse de rivage; c'est-à-dire qu'ils ont un écoulement qui leur fait successivement parcourir différens pays. Ce ne sont d'abord que des sources, des fontaines ou des filets d'eau qui jaillissent de la terre. Sitôt qu'ils commencent à prendre un certain cours, on les appelle ruisseaux. Ces ruisseaux, dans leur route, se réunissent avec d'autres ruisseaux, et forment alors ce qu'on appelle une rivière. Les rivières, en continuant de courir, reçoivent dans leur sein d'autres rivières ou ruisseaux, et vont se décharger dans les fleuves, qui vont à leur tour se décharger dans la mer.

Vous voyez que la plus grande partie du globe est occupée par les eaux. Supposons que Henri aille déterrer une fourmillière et la porte sur ce globe; elle pourrait servir à représenter les peuplades qui habitent la terre. Comme il n'y a de l'eau qu'en peinture sur le carton, les fourmis seraient libres d'aller par le chemin qu'elles voudraient. Mais si ces endroits étaient creusés à une grande profondeur, et qu'ils formassent des rivières et des mers véritables, comment pourraient-elles aller à travers ces grands

INTRODUCTION FAMILIÈRE.

espaces d'eau? Il en est de même à notre égard : nous n'aurions jamais pu atteindre les lieux dont la mer nous sépare, si l'imagination et l'industrie n'étaient venues à notre secours.

Je me plais à imaginer que c'est à des enfans peut-être que nous devons la première idée de la navigation.

Le premier qui, en jouant sur le rivage, vit une écorce d'arbre flotter sur un ruisseau, prit un long bâton pour l'arrêter au passage. En cherchant à l'attraper, il vit que l'écorce ne s'enfonçait dans l'eau que par une certaine pression. Lorsqu'il s'en fut saisi, il y mit des cailloux, de l'herbe, tant que l'écorce put en porter sans couler à fond. Il la suivit un moment des yeux, et courut plein de joie chercher son papa, pour le rendre témoin de cette nouveauté. Celui-ci, en se promenant le lendemain, trouva un arbre énorme, dont le tronc était creusé par les ans. Il le dépouilla de ses branchages et de ses racines, et le jeta dans l'eau, où il le vit se soutenir à merveille. Peu à peu il eut le courage d'y entrer. Après quelques essais le long du rivage, il imagina, avec l'aide de deux perches pour se diriger, de traverser le ruisseau. Cette écorce ne résista pas long-temps aux secousses qu'elle essuyait en abordant sur la plage; elle se fendit, et le pauvre navigateur courut risque de se noyer. Il comprit alors qu'il fallait un bateau plus solide, et il se mit à creuser le tronc d'un arbre dépouillé de son écorce pour naviguer avec plus de sûreté. Dans le même temps, sans doute, à la vue de quelques branchages flottans sur les ondes; on eut l'idée de lier plusieurs pièces de bois ensemble pour en former ce qu'on appelle un radeau, comme ces trains de bois qu'on amène sur la rivière à Paris. En les comparant l'un avec l'autre, on vit que le tronc d'arbre était trop petit pour un homme et son équipage, et que la moindre vague, en s'élevant sur le radeau, mouillait toute la cargaison. On chercha le moyen de réunir les avantages de l'un et de l'autre, en évitant les inconvéniens auxquels chacun était sujet; et comme les arts et les instrumens s'étaient perfectionnés dans cet intervalle, on imagina de dégrossir les pièces de bois qui formaient le radeau, de les courber et de les réunir ensemble par des chevilles, sous la forme du tronc d'arbre creusé. C'est ainsi que fut construit le premier canot, qui fut d'abord bien petit, sans doute. On l'agrandit peu à peu, selon la largeur des rivières qu'on avait à traverser. Mais de ces frêles bâtimens, à peine capables de contenir quatre ou cinq hommes, qu'il y avait loin encore à un vaisseau de guerre, qui porte douze à quinze cents hommes avec leurs provisions pour six mois, des munitions immenses, et tout l'attirail des cordages et des voilures! Comme vous n'avez pas vu de vaisseau de guerre, je ne puis vous donner une idée de cette différence qu'en vous priant de comparer la guérite de la sentinelle qui est à la porte des Tuileries avec ce superbe château.

Imaginez-vous, mes amis, quelle fut la surprise

de l'homme qui, descendant un fleuve dans son petit esquif, parvint à son embouchure, c'est-à-dire à l'endroit où le fleuve se jette dans la mer !

Transportez-vous un instant vous-mêmes sur ses bords, dans votre pensée : voyez ses vagues immenses, roulant l'une sur l'autre à grand bruit, s'avancer avec majesté sur le ravage, et le couvrir de flots blanchissans d'écume ! Vous avez vu cet étang qui est dans le voisinage : il a assez de profondeur pour qu'un homme qui marcherait sur le fond eût de l'eau par dessus sa tête. Mais cet étang, en comparaison de la mer, est moins encore qu'une goutte d'eau en comparaison de l'étang. Regardez sur le globe quel espace elle y occupe. Mesurez en même temps des yeux les plus vastes contrées; vous verrez que la mer est beaucoup plus étendue. En quelques endroits elle est si profonde, que la plus longue ficelle, avec un plomb au bout, n'en peut atteindre le fond. Ainsi tâchez de vous représenter quelles idées d'admiration et d'effroi durent saisir cet homme au premier coup-d'œil. Il imagina sans doute que cette masse d'eau formait les dernières barrières de la terre. Comme le vent soufflait peut-être en ce moment avec violence, il conçut sans peine que sa petite chaloupe serait bientôt abîmée sous les flots. Il résolut, avec ses compagnons, d'en construire une plus grande, pour suivre du moins la mer le long de ses rivages. La navigation fut long-temps bornée à ces courses timides ; mais de jour en jour les vaisseaux acquéraient plus de perfection. Enfin un homme de génie, plus hardi que les autres, se persuada qu'au-delà de ces vastes mers il y avait d'autres terres, et il forma le dessein de les visiter. Il partit, et eut la satisfaction de se convaincre par lui-même de la réalité de ses espérances. D'autres après lui entreprirent d'aller plus loin encore. Croiriez-vous que dans leur course ils passèrent par un point du monde qui se trouve exactement sous nos pieds, à la distance de toute l'épaisseur du globe de la terre? Vous me regardez d'un air ébahi. Rien de plus vrai pourtant, et j'espère, avant la fin de nos entretiens, vous rendre-la chose sensible.

Contentez-vous maintenant de croire, sur ma parole, que l'on peut faire sur un vaisseau le tour entier du monde. Je vais vous donner une idée de ce qui est nécessaire pour une expédition de long cours.

Avant de venir à la campagne, je vous ai montré en petit, chez un machiniste, le modèle d'un vaisseau avec ses mâts, ses voiles et ses cordages, dont on vous a fait le détail. Vous en avez suivi la description avec trop de curiosité pour que je puisse croire que vous en ayez déjà perdu le souvenir. D'ailleurs, vous avez fait une fois le voyage d'Auteuil par la galiote de Saint-Cloud; ce qui est à votre âge un fort joli commencement de navigation.

Si le vaisseau n'est pas nouvellement construit, avant de s'embarquer, on commence à le réparer à neuf, c'est-à-dire à faire entrer de force, entre les jointures des planches qui le doublent, de grosse filasse qu'on nomme étoupe, et à le bien enduire de poix et de goudron pour le rendre impénétrable à l'eau, qui pourrait le faire couler à fond si elle y entrait par ces fentes. Il faut que les mâts soient bien solides, et les voiles en bon état, pour résister à la force des vents. Alors on porte dans le vaisseau une grande quantité de biscuit bien sec, au lieu de pain, qui se moisirait bientôt; plusieurs tonneaux d'eau douce, parce que l'eau de la mer est trop amère pour qu'on puisse la boire; enfin des barils de viande salée, attendu que de la viande fraîche ne tarderait guère à se corrompre, et qu'on ne trouve point de boucheries sur la route. On emporte aussi des légumes secs pour faire la soupe des matelots dans toute la traversée.

Un vaisseau marchand, outre ces provisions de bouche, prend encore une cargaison, c'est-à-dire des denrées et des marchandises qu'on se propose de vendre dans les pays étrangers, où d'y échanger contre les productions de l'endroit. C'est ainsi que nous envoyons en Amérique du vin, de la farine, des toiles, des étoffes, etc., et que nous en rapportons du sucre, du café, du coton, que vous connaissez à merveille, et de l'indigo, qui sert à faire les teintures en bleu.

Les vaisseaux doivent aussi emmener un certain nombre d'hommes, les uns plus, les autres moins, à proportion de leur grandeur. Ces hommes s'appellent matelots; et ils ont beaucoup d'ouvrage à faire sur le bord, surtout dans les temps orageux.

représentez-vous en effet un pauvre navire balloté par la mer en furie, dont les vagues s'élèvent de la hauteur d'une maison, et semblent le lancer dans les airs, pour le précipiter ensuite dans des abîmes; représentez-vous ses voiles déchirées, ses mâts brisés, ses cordages rompus : c'est alors que les matelots ont une terrible besogne! Les uns sont occupés à faire jouer la pompe pour vider l'eau qui est entrée dans le vaisseau; les autres grimpent sur des échelles de corde jusqu'au bout des mâts, pour baisser les voiles, de peur que la violence de la tempête ne fasse renverser le navire, ou ne le pousse contre les rochers, qui le briseraient comme un verre. Vous mourriez, j'en suis sûre, de frayeur, dans cette occasion. Mais, les marins, avec du courage et de la présence d'esprit, se jouent en quelque sorte de ces bourrasques. Ils veillent surtout à conserver leur gouvernail, cette grosse pièce de bois qui descend dans l'eau le long du derrière du navire comme une espèce de queue, et qui, tournée à droite ou à gauche, lui fait changer de direction, comme vous voyez ces poissons rouges, renfermés dans un bocal sur ma cheminée, se servir de leur queue pour tourner à leur volonté d'un côté ou de l'autre.

Vous auriez de la peine à croire que les matelots craignent presque autant que la tempête l'état opposé de la mer, c'est-à-dire un calme profond. Dans cette situation, les ondes, que je vous ai peintes tout à l'heure si enflées et si turbulentes, sont tranquilles et unies comme une glace; les voiles tombent aplaties le long des mâts ; la mer semble dormir, et le vaisseau immobile est comme un tombeau qui renfermerait des êtres vivans. On dirait que ces matelots, si actifs et si vigoureux, sont frappés d'un engourdissement léthargique. Vous auriez pitié de les voir, les bras croisés sur le pont, se livrer au dégoût et à l'ennui. Mais aussi, quelle joie lorsque le vent recommence à s'élever, que les voiles se renflent, que la mer s'agite, et que d'un cours heureux ils s'avancent vers le port, objet de leur désir ! déjà le capitaine, sa lunette en main, cherche le rivage. Les mousses, perchés au plus haut du vaisseau, le sollicitent avidement des yeux. Enfin un cri s'élève : Terre ! terre ! toutes les fatigues, tous les dangers sont oubliés. On court, on s'embrasse, on presse la manœuvre, on entre dans le port, et l'on en prend possession en y jetant, au bout d'un long câble, une grosse pièce de fer nommée ancre, dont les deux bras, recourbés en crochet, s'attachent au fond de la mer, et qui, par ce moyen, retient le vaisseau dans l'endroit où on veut l'établir. On se précipite alors dans une chaloupe, et on aborde la terre, que la plupart baisent de joie, comme après une longue absence vous embrasseriez votre maman.

Mais je viens de vous peindre le vaisseau déjà parvenu au terme de son voyage, tandis que nous l'avions laissé dans les préparatifs de son départ. Il est temps de l'aller rejoindre, de peur qu'il ne s'esquive à notre insu. Aussitôt qu'il a reçu toutes ses provisions et toutes ses marchandises, et qu'il est prêt à mettre à la voile, le capitaine et les matelots n'ont plus qu'à attendre un bon vent pour partir. Je pense qu'il faut d'abord vous apprendre ce que c'est qu'un bon vent. Allons un peu dans le jardin. Il est midi. Plaçons-nous en face du soleil. De cette manière votre visage est tournée vers le midi, et vous tournez le dos au nord; à votre main droite est l'ouest, et l'est à votre gauche. Or, vous sentez que, lorsque le vent souffle derrière vous, il tend à vous pousser en avant; lorsqu'il vous donne au visage, il tend à vous pousser en arrière. Vous en avez fait mille fois l'observation par votre cerf-volant. Mais il ne souffle pas toujours du même endroit. De quel côté souffle-t-il à présent, Henri ? Tirez votre mouchoir, prenez-en deux bouts dans vos mains, écartez vos bras. Voyez-vous? le vent le fait renfler et le pousse contre votre corps et contre vos jambes. Vous êtes tourné vers le midi; le vent vient donc du midi. Rentrons maintenant, et retournons à notre globe. Voici les quatre points que je vous ai fait remarquer : Midi, Nord, Est, Ouest. Lorsque le vaisseau veut aller dans un pays qui est au nord, il faut qu'il ait un vent de midi, qu'on appelle ordinairement de sud, pour le pousser de ce côté; car si le vent lui venait du nord, il lui serait impossible d'aller vers cet endroit; en sorte qu'un voyage devient quelquefois plus long qu'il n'aurait dû l'être, par l'inconstance des vents, qui changent d'un point à l'autre, et qui obligent par conséquent le vaisseau de changer de direction. Ne croyez pas toutefois qu'on soit obligé de retourner sur ses pas pour chaque variation du vent : l'art de la navigation apprend aux marins une méthode de gouverner le vaisseau, qu'on appelle louvoyer, et qui consiste à courir en zigzag, tantôt à droite, tantôt à gauche, en s'approchant par degrés du point où l'on tend ; au lieu qu'un vent favorable y porterait tout droit sans avoir besoin de cette pénible manœuvre.

C'est une chose bien surprenante, mais qui n'en est pas moins vraie, que, dans quelques parties de la mer, le vent souffle constamment chaque année des mois entiers du même côté; ce qui facilite extrêmement aux vaisseaux le moyen d'atteindre leur destination : puis, après quelques jours, et souvent même un mois de calme, le vent change, et souffle précisément du point opposé ; ce qui ramène les vaisseaux à pleines voiles aux lieux d'où ils sont partis. Vous comprenez bien que les marins s'arrangent en conséquence, et qu'ils savent profiter tour à tour de ces directions contraires. On appelle ces vents moussons, ou vents de commerce. Les flèches peintes sur le globe marquent les endroits particuliers vers lesquels ils soufflent.

Lorsque le vaisseau est en pleine mer, on est fréquemment des mois entiers sans voir autre chose autour de soi que le ciel et l'eau. Transportez-vous par exemple, au milieu de la grande mer du sud,

La terre, de tous côtés, en est très-éloignée, et il n'y a point de traces marquées sur la surface des eaux pour montrer le chemin le plus court vers l'endroit où l'on veut aller. Mais ceux qui ont fait ces voyages ont tenu le compte le plus exact qu'il leur a été possible des rochers qu'ils ont évités, des petites îles qu'ils ont rencontrées, et d'autres particularités qui servent, à ceux qui viennent après eux, de règle pour se diriger. On a rassemblé toutes les observations faites sur les différentes parties de la mer, et d'après elles on a formé des tableaux appelés cartes marines, dont tous les vaisseaux ont soin de se pourvoir. En consultant ces cartes, il trouve le moyen d'éviter les rochers, les bancs de sable, les gouffres, et tous les autres dangers que l'on doit craindre dans cette partie.

Malgré ces secours, on serait encore bien embarrassé si l'on n'avait la précaution d'emporter une boussole. Vous désirez sans doute savoir ce que c'est ? je ne demande pas mieux que de vous le dire. C'est un instrument qui a l'air d'un cadran de pendule, excepté qu'au lieu des heures on a mis les points Est, Ouest, Nord, Sud, et tous ceux qui se trouvent entre ces quatre principaux. Dans le milieu s'élève un petit pivot, sur lequel est légèrement suspendue une aiguille qui, étant dans un parfait équilibre, a la liberté de se mouvoir tout autour du cadran. On frotte l'aiguille avec une pierre d'aimant, ce qui lui donne la singulière propriété de tourner toujours sa pointe vers le nord. De cette manière,

INTRODUCTION FAMILIÈRE.

quand on regarde la boussole, on peut toujours voir de quel côté le nord se trouve, et diriger son vaisseau en conséquence, soit qu'on veuille aller vers ce point ou s'en éloigner.

Puisque je vous ai parlé de l'aimant, il faut bien que je cherche à vous le faire connaître. C'est une espèce de pierre qui ressemble beaucoup au fer, et qu'on trouve ordinairement dans les mines avec ce métal. Il attire à lui le fer et l'acier, et se les attache étroitement. Si vous le frottez contre de l'acier ou du fer, il leur communique sa vertu, quoique dans un moindre degré de force. Vous verrez un jour des expériences très-curieuses à ce sujet. En attendant, en voici une petite pierre. Seriez-vous curieux de voir l'effet qu'elle produit sur mes aiguilles? Fort bien. Je vais renverser mon étui sur la table. Les voilà immobiles. Approchez-en l'aimant. Hé! hé! voyez-vous comme elles s'agitent? on dirait qu'elles sont vivantes. N'allez pas le croire, au moins : elles n'ont ce mouvement que parce que l'aimant les attire. Elles seraient parfaitement tranquilles hors de son approche.

Je vous ai dit que l'aimant communiquait au fer et à l'acier la vertu qu'il a de les attirer; donnez-moi votre couteau, Henri : je vais en faire l'expérience devant vous. Observez comme je frotte d'un bout à l'autre, et toujours dans le même sens. Approchez-le maintenant des aiguilles. Eh bien! ne font-elles pas à peu près le même exercice que si elles étaient approchées d'une véritable pierre d'aimant? Vous seriez curieux de savoir comment cela s'opère, n'est-ce pas? De plus habiles que moi se trouveraient embarrassés à vous l'expliquer. Votre ami vous fera connaître un jour les opinions les plus raisonnables des philosophes sur cet objet. Contentons-nous à présent de nous féliciter de cette heureuse découverte, qui a tiré mille et mille fois les marins d'un grand embarras. Représentez-vous en effet un vaisseau, au milieu d'une nuit obscure ou de sombres brouillards, ne pouvant consulter le soleil ni les étoiles, qui lui serviraient à régler sa marche. Que ferait-il sans sa boussole? il serait obligé de s'abandonner au hasard, et prendrait souvent une route contraire à celle qu'il veut tenir. Mais sa boussole est toujours prête à le remettre sur la voie. C'est un guide qu'on peut interroger en tout temps, et qui ne trompe jamais.

Il me semble voir sur votre mine, Charlotte, que vous n'y prendriez pas encore trop de confiance. On aurait, je crois, de la peine à vous persuader de faire un petit tour en Amérique? Pas tant, dites-vous, s'il n'y avait pas d'eau dans l'intervalle qui nous en sépare. Avez-vous bien réfléchi à ce qui vient de vous échapper? Voyez-vous cette île qu'on appelle la Martinique? Elle est éloignée des ports de France de plus de quinze cents lieues. Cependant il y a des exemples de vaisseaux qui n'ont employé que vingt jours à faire cette traversée; ce qui suppose à peu près une vitesse de trois lieues par heure. Si l'on avait ce trajet à faire sur la terre

INTRODUCTION FAMILIÈRE.

ferme, emportant avec soi, sur des chariots, toutes les marchandises dont un navire est chargé, croyez-vous que six mois pussent suffire à ce voyage, et qu'il ne fallût pas au moins cent fois plus de dépense ? Je suppose encore que nous aurions de beaux chemins bien alignés. Mais si, au lieu de ces belles routes, nous avions toutes les profondeurs de la mer à descendre et à remonter, des gouffres presque sans fond à franchir, cette expédition vous semblerait-elle alors aussi agréable ? Voilà pourtant ce qui arriverait, si la mer, en se retirant, laissait son lit à sec ; et je crois maintenant que, si vous aviez de toute nécessité le voyage à faire, et l'une des deux manières à choisir, la mer, malgré tous ses dangers, vous paraîtrait encore mériter la préférence.

Qu'en dites-vous pour votre compte, Henri ? Oh ! vous voudriez des ailes. Cela ne vous paraît pas mal imaginé. Je vous avouerai que moi-même, en voyant les oiseaux voltiger sur ma tête, et parcourir les espaces de l'air avec tant de vitesse, j'ai souvent désiré d'être pourvue d'une bonne paire d'ailes comme eux. Eh bien ! j'étais alors aussi folle que vous l'êtes à présent, mon petit ami ; car, si nous considérons de quelle étendue elles devraient être pour soutenir des corps aussi lourds que les nôtres, je suis persuadée qu'elles nous causeraient plus d'embarras qu'elles ne sauraient nous procurer d'avantages, et que nous sommes bien plus heureux d'en être privés. De plus, si nous avions à traverser un si grand espace, n'aurions-nous pas besoin de nous reposer par intervalles ? et ne courrions-nous pas le risque de nous briser en mille pièces, en descendant, les ailes déployées, dans les abîmes que je viens de vous peindre ?

Je reviens à vous, Charlotte, pour le projet que vous aviez tout à l'heure, de dessécher d'un souffle le lit de la mer. Savez-vous ce que cette belle imagination nous aurait coûté ? Le dépérissement de la nature entière. Vous frémissez du risque auquel vous nous avez exposés. Rassurez-vous ; le Créateur, qui a su disposer toutes choses avec tant de sagesse pour notre bonheur, n'écoute point nos vœux téméraires. Cette mer, qui semble à chaque instant menacer la terre de l'engloutir, est la source de sa fertilité. C'est elle qui lui fournit ces douces ondées qui la fécondent et qui rafraîchissent ses habitans. Vous avez eu souvent occasion de voir de l'eau exposée sur le feu, produire des vapeurs qui s'attachent en gouttes au couvercle du vase qui la contient : c'est ainsi que la chaleur produite par la présence du soleil, fait exhaler de la mer des vapeurs qui s'élèvent dans les airs, d'où elles retombent ensuite en pluie, en neige ou en rosée, soit pour féconder la terre par une humidité bienfaisante, soit pour entretenir les ruisseaux, les rivières et les fleuves qui la baignent, et facilitent les communications entre les différens peuples de l'univers. Je ne puis à présent vous donner qu'une idée légère de cette admirable opération de la nature.

Mon dessein n'est pas de faire de vous des savans, mais d'exciter un peu votre curiosité sans fatiguer votre attention ni votre intelligence. Vous trouverez un jour des détails plus étendus dans l'ouvrage de votre ami.

En nous entretenant de la terre, dans la première partie de ce livre, je vous ai parlé des animaux qu'elle nourrit, et de ses productions naturelles. Vous semblez désirer que je vous fasse également connaître ce qui nous vient de la mer. Je me fais un plaisir de vous donner cette satisfaction.

LES POISSONS.

Les habitans des eaux sont les poissons, dont les différentes espèces sont tout au moins aussi nombreuses que celles des animaux terrestres. Il en est d'une grandeur si étonnante, que je ne saurais à quoi les comparer : il en est au contraire d'une petitesse qui les dérobe à la vue ; quelques-uns très-jolis à voir, quelques autres d'un aspect hideux.

Vous avez vu souvent servir sur nos tables des turbots, des soles, des merlans, des brochets, des dorades, des maquereaux, des esturgeons, et une infinité d'autres, dont vous avez trouvé la chair d'un goût délicieux ; tous ceux-là se prennent sur nos côtes. Les pêcheurs, montés sur leurs barques, n'ont qu'à s'avancer un peu dans la mer, et laisser tomber leurs filets pour les attraper en grande abondance. Ils les amènent aussitôt dans le port, et de là ils sont dispersés dans tous les lieux où ils peuvent arriver avant de se corrompre.

Il en est en revanche qu'il faut aller chercher un peu loin, tels que la baleine, la morue et le hareng. Je vais vous en parler avec quelque détail, parce que cette pêche est plus considérable, et qu'elle offre des particularités dignes de votre attention.

LA BALEINE.

On peut donner à la baleine le titre de reine de l'Océan. Sa grandeur est énorme; quelques-unes ont deux cents pieds de long. Vous avez trois pieds, Henri; ainsi une baleine est soixante fois plus longue que vous, et vingt plus grosse. Un homme pourrait se tenir à l'aise dans ses entrailles. Elle a une grande queue, capable par sa force de renverser d'un seul coup un vaisseau; ce qui rend sa pêche très-dangereuse. Voici comme elle se fait :

Cinq à six hommes montent sur une chaloupe; l'un d'eux se tient sur le bord. Aussitôt que la baleine s'élève du fond de la mer pour respirer, il lui lance sur le dos un crochet long d'environ six pieds,

INTRODUCTION FAMILIÈRE.

et qui tient à une longue corde. La baleine se sentant blessée, plonge aussitôt pour se dérober à d'autres coups. On file la corde de toute sa longueur, et on suit l'animal à la trace de son sang. Le besoin de respirer la fait bientôt remonter, et on lui lance de nouveaux harpons, jusqu'à ce qu'elle meure de ses blessures. Alors, elle surnage, et le vaisseau qui suit la chaloupe vient la prendre. Lorsqu'elle est trop grande, on la traîne sur le rivage, pour la couper en morceaux ; mais si elle n'a que cinquante ou soixante pieds de long, on en fait une espèce de ceinture au vaisseau ; et les matelots, avec des bottes dont la semelle est armée de crampons, de peur de glisser, descendent sur son corps et le dépouillent de sa graisse, dont on remplit des tonneaux. C'est cette graisse qui, étant bouillie, rend l'huile dont on se sert ordinairement pour brûler dans les lampes, pour préparer la laine, les cuirs, et pour une infinité d'autres usages. Les buscs du corset de votre sœur, et les baleines de mon parasol, ne sont que des poils de sa barbe ; ils lui servent à ramasser les plantes marines, les vers et les insectes dont elle se nourrit. Elle mange aussi de petits poissons, tels que les enchois, les merlus, et surtout les harengs, dont elle est très-friande. Ses petits, lorsqu'ils finissent de téter, sont de la grosseur d'un taureau.

Outre le danger d'être renversés par la queue de la baleine, ou par l'eau qu'elle lance en colonnes par deux trous ouverts sur sa tête, les pêcheurs courent un autre risque non moins affreux. Comme cette pêche se fait ordinairement dans une mer que la rigueur du climat couvre de glaces, les vaisseaux sont quelquefois brisés par les glaçons, ou s'en trouvent tout-à-coup enveloppés; de manière que l'équipage est réduit à périr de froid.

LA MORUE.

La chair de la baleine n'est pas bonne à manger; celle de la morue, au contraire, est d'un goût délicieux. Elle fait presque la seule nourriture d'une très-grande partie des peuples du Nord, qui ne recueillent chez eux que peu de fruits et de blé. Ils en font sécher une partie, qu'ils mangent au lieu de pain; et ils vendent le reste à des marchands qui vont les acheter à vil prix pour les répandre en diférentes contrées.

Mais cette pêche n'est rien, en comparaison de celle qui se fait bien loin d'ici, au banc de Terre-Neuve, qu'on appelle le grand banc des morues. Il s'y rend des vaisseaux de tous les coins du monde. Vous pourrez vous former une légère idée de la grande quantité de poissons que l'on y prend, quand vous saurez que la pêche dure trois mois entiers, depuis le mois de janvier jusqu'à la fin d'avril; que cent cinquante mille hommes au moins y sont em-

INTRODUCTION FAMILIÈRE &.ª   Pag. 118.

Ces feux qu'ils prennent pour le jour
servent aussi à les éblouir.

ployés; et que chacun prend trois ou quatre cents morues par jours. Ces animaux sont si voraces, qu'il suffit, pour les amorcer, d'un morceau d'étoffe rouge, ou d'un hareng de fer-blanc, d'où pend l'hameçon. En jetant dans la mer les entrailles de ceux que l'on a déjà pris, on attire les autres qui viennent pour les dévorer en si grande foule, qu'ils se pressent les uns sur les autres, au point que leurs nageoires sont au-dessus de l'eau.

La morue verte et la morue sèche, appelée ordinairement merluche, ne sont que le même poisson diversement préparé. Il suffit de saler la première aussitôt qu'on vient de la vider, parce qu'on la mange dans l'année; l'autre doit rester exposée pendant quelques jours au vent du nord, qui est si froid et si pénétrant, qu'il la dessèche, et la met ainsi en état d'être conservée pendant plusieurs années de suite sans se gâter. On en fait des tas plus hauts que des maisons, et l'on en remplit ensuite la cale des vaisseaux qui nous les apportent.

LE HARENG.

Une pêche plus considérable encore est celle des harengs. La multiplication de ces poissons est prodigieuse. Aussitôt qu'ils ont déposé leurs œufs sous les glaces du nord, où leurs ennemis ne peuvent pénétrer, ils partent pour aller chercher leur nourriture en d'autres mers. Ils nagent en grandes colonnes, qui s'élargissent ou se rétrécissent au signal qu'ils reçoivent de leurs conducteurs. Ils forment quelquefois une ligne de plus de cent lieues de front; puis ils se séparent par grosses troupes pour se répandre en divers quartiers; et enfin, après avoir parcouru une grande partie du globe, ils se réunissent, et reviennent par deux colonnes opposées aux lieux d'où ils sont partis.

On est averti de leur passage par les oiseaux de mer qui volent au-dessus de leurs têtes pour les saisir quand ils approchent de la surface de l'eau, et par les baleines et d'autres gros poissons, qui les suivent toujours comme une proie assurée. La pêche commence le lendemain de la Saint-Jean. Elle ne se fait que la nuit, soit parce qu'il est plus facile de les distinguer à la lueur que jettent leurs yeux et leurs écailles, soit parce qu'on peut les attirer par l'éclat des lanternes qu'on allume le long des filets. Ces feux, qu'ils prennent pour le jour, servent aussi à les éblouir, et à les empêcher de voir le piége qu'on leur a tendu. Il est impossible de se figurer le nombre que l'on en prend dans vingt jours à peu près que dure cette pêche. Les filets, qui ont plus de douze cents pieds de longueur, rompent sous le poids. Il est tel port de la Hollande d'où il part plus de trois cents barques pour cette expédition, et l'on y compte environ cent mille hommes dont elle occupe les bras.

Les harengs frais se préparent, comme la morue, par la salaison. Les harengs saurs, après avoir été exposés pendant six semaines à la fumée, deviennent secs comme vous les voyez. On les mets ensuite dans des barils, bien serrés les uns contre les autres, et on les envoie dans presque toutes les parties du monde, pour servir à la nourriture des pauvres.

Quand je vous ai dit que les différentes espèces d'animaux qui vivent dans la mer étaient tout au moins aussi nombreuses que celles des animaux terrestres, vous n'avez pas attendu que je vous fisse une description particulière de chacun. Je n'ai voulu vous faire connaître que ceux dont vous pouvez entendre parler tous les jours, ou que vous avez occasion de voir le plus souvent. Je me flatte que, lorsque votre intelligence sera un peu plus formée, vous vous empresserez de vous-même de vous instruire davantage, et je puis vous promettre d'avance que vous y trouverez infiniment de plaisir. Savez-vous pourquoi il y a tant de personnes ignorantes dans le monde? C'est que l'on a négligé dans leur enfance de leur présenter les objets qui étaient à leur portée, et de les accoutumer ainsi à observer de bonne heure les merveilles de la nature. Les pauvres gens! il faut les plaindre, sans leur faire de reproches, puisqu'ils n'ont pas trouvé de secours pour leur instruction. Mais aujourd'hui que les enfans ont tant de bons livres destinés à leur former l'esprit et le cœur, ne serait-il pas honteux qu'ils fussent méchans ou mal instruits? En tout cas, malheur à ceux qui le seront! puisque les lumières et les bons principes étant aujourd'hui très-répandus, ils ne pourront pas, comme autrefois, se cacher dans la foule pour se sauver du mépris. Ils trouveront de toutes parts des yeux éclairés qui, d'un seul regard, découvriront leur vice ou leur ignorance; ils seront forcés de vivre seuls, abandonnés aux dédains des autres, et au sentiment, peut-être plus cruel encore, de leur propre indignité.

Mais revenons à nos poissons. N'allais-je pas oublier de vous dire qu'il n'ont point de jambes! De quel air vous me regardez, Henri! Pardon, monsieur; je ne me doutais pas encore à quel observateur je parlais. Permettez-moi cependant de vous apprendre pourquoi ils n'en ont point : c'est parce qu'ils ne sauraient en faire usage, et qu'elles ne feraient que les embarrasser. Comme ils ne sortent point de l'eau, elles leur seraient aussi inutiles pour nager que des nageoires nous seraient inutiles pour marcher sur la terre.

N'allez pas croire d'après cela que tous les poissons aient des nageoires. La nature, qui n'a rien épargné pour nous donner tout ce qui nous est nécessaire, est en même temps assez économe pour ne nous donner rien de superflu. C'est pour cela que les huîtres et les moules, qui passent leur vie attachées à l'endroit où elles ont pris naissance, ne sont pas pourvues d'un instrument qui ne leur servirait à rien. Je vais vous apprendre quelques particularités sur ces coquillages.

L'HUÎTRE.

L'huître est un de ces animaux qui paraissent, au premier coup d'œil, avoir été traités avec peu de rigueur par la nature, mais qui, sous un autre aspect, attestent le plus hautement la sagesse et la providence divines. Renfermée dans une étroite prison, privée de mouvement et d'industrie, elle n'en trouve pas moins sa subsistance. En entr'ouvrant ses écailles, elle reçoit à chaque instant de la mer les petits insectes, les débris de plantes, et les sucs limoneux dont elle se nourrit. Les flots se chargent de ses œufs, et vont les poser dans le fond de la mer ou sur les rochers, quelquefois même aux branches des arbres que la marée baigne; en sorte qu'elles se trouvent tour-à-tour plongées dans l'eau et suspendues dans l'air. On se plaît à servir sur la table ces branches, couvertes à la fois d'huîtres et de fleurs.

La chair des huîtres est naturellement blanche. Pour les rendre vertes, on va les pêcher sur les rochers ou au fond des eaux, et on les enferme le long des bords de la mer, dans de petites fosses. Au bout de six semaines, la mousse qui se forme dans ces fosses, et qui rend l'eau verdâtre, comme vous la voyez dans nos mares, imprègne les huîtres de cette couleur.

Les écailles, au bout de vingt-quatre heures, commencent à se former sur les huîtres naissantes. Je vous en ai fait observer de presque imperceptibles, attachées à la coquille de leurs mères.

Quelques oiseaux de mer aiment les huîtres autant que nous. Ils attendent qu'elles ouvrent leurs écailles pour fondre précipitamment sur elles, et les percer à coups de bec, avant qu'elles aient pu se claquemurer. Quelquefois aussi l'huître leur prend à eux-mêmes le bec en se refermant.

Le crabe, son ennemi mortel, est plus adroit que l'oiseau. Lorsqu'il voit l'huître s'entr'ouvrir, il jette entre ces coquilles un petit caillou qui les empêche de se rejoindre; et alors il dévore sa proie sans danger.

Il est une espèce d'huître appelée perlière, qui produit les perles que vous voyez aux colliers des femmes, et la nacre dont on fait des jetons, des navettes et des manches de couteaux. Les perles se trouvent soit dans le corps de l'animal, soit attachées à l'intérieur de ses écailles; ces mêmes écailles forment la nacre. Des hommes accoutumés dès l'enfance à plonger vont les chercher au fond de l'eau, quelquefois à cent pieds de profondeur. Ils en remplissent des sacs, et viennent les décharger sur le rivage. On attend que l'huître s'ouvre d'elle-même, ce qui arrive au bout de deux ou trois jours; et alors on lui arrache ses trésors, auxquels notre folie met un assez grand prix pour exposer de malheureux plongeurs à être dévorés par des poissons voraces, à se briser contre les rochers, ou à être étouffés par les eaux.

On est parvenu à imiter les perles naturelles par des perles fausses, au point d'en rendre la différence très-peu sensible. Il est un petit poisson appelé ablette, dont les écailles sont très-brillantes. On rassemble ces écailles dans l'eau, et on les frotte pour en détacher une matière visqueuse dont elles sont couvertes. Cette matière se précipite en liqueur argentée au fond du vase. On la recueille avec soin, et on y mêle un peu de colle de poisson, qui lui donne plus de consistance ; ensuite on a des grains de verre fin, creux et très-minces, où l'on fait entrer une goutte de cette liqueur ; on roule les grains avec adresse, pour que la matière s'y répande partout également, et y forme une couche bien unie : lorsqu'elle est sèche, on fait couler de la cire fondue dans le verre, pour donner à la perle de la solidité, du poids et de la blancheur.

Les perles fausses ont l'avantage d'être plus égales entre elles que les perles véritables, et d'avoir la grosseur qu'on veut leur donner. Si elles n'ont pas tout-à-fait le même éclat, du moins elles sont infiniment moins coûteuses ; elles réussissent aussi bien dans la parure, et n'inspirent jamais à celle qui les porte la crainte de les avoir achetées au prix de la vie d'un de ses semblables. N'est-il pas déjà assez cruelle de compromettre l'existence de ses frères, pour se procurer les douceurs de la vie, sans la risquer encore pour les plus méprisables jouissances de la vanité? Quelle petitesse d'esprit de s'estimer davantage pour de beaux habits et des bijoux! Ces insensés devraient considérer un moment que l'or, l'argent et les pierreries dont ils sont chargés, étaient ensevelis dans les entrailles de la terre, et qu'ils n'ont pas même le mérite de les avoir travaillés; que leurs soieries ne sont que les dépouilles d'un petit ver rampant qui les a portées avant eux; que, sans l'industrie de ces honnêtes ouvriers qu'ils méprisent, ils n'auraient su en tirer aucun parti. Eh! que deviendraient les riches sans les pauvres? Seraient-ils en état de faire leurs chaussures, de bâtir leurs maisons, de labourer leurs terres, de tondre leurs troupeaux, et de faire une infinité d'autres choses devenues nécessaires dans l'état où se trouve aujourd'hui la société? Qu'ils se parent, s'ils veulent, avec un peu plus d'éclat, pour encourager l'industrie et soutenir les manufactures; mais qu'ils apprennent en même temps à se conduire avec douceur et bienveillance envers ceux dont les mains sont employées à leur service! Qu'ils se souviennent que le moindre artisan, s'il remplit les devoirs de sa condition, est un membre de l'état plus utiles qu'eux-mêmes, à moins qu'ils ne se distinguent autant par leur modestie et leur générosité que par leur rang et par leurs richesses.

De leur côté, les pauvres ne doivent jamais oublier les égards dont ils sont tenus envers leurs supérieurs, mais les traiter avec respect et fidélité, et surtout ne point leur porter une jalouse envie. S'ils sont économes, sobres et laborieux, ils peuvent, dans quelque métier qu'ils exercent, être aussi heureux que les riches par la jouissance d'une santé robuste, le repos de l'esprit et le calme de la conscience, sans être exposés aux inquiétudes et aux agitations qui tourmentent presque toujours dans une situation plus élevée.

Ces réflexions nous ont un peu écartés de l'objet de notre entretien; mais je vous les ai présentées comme elles devraient se présenter souvent à notre esprit, afin de nous former une philosophie aussi douce pour nous-mêmes que favorable pour nos frères. Tout le bonheur sur la terre consiste en deux choses bien simples, et qui devraient être bien aisées : *Aimer et se faire aimer.*

LA MOULE.

Il est aussi des moules dans lesquelles on trouve de la nacre et des perles. D'autres ont des coquilles de la plus grande beauté, qui réunissent toutes les couleurs de l'arc-en-ciel. Quelques-unes sont si grosses, qu'elles pèsent jusqu'à une demi-livre sans leurs coquilles.

La moule, comme l'huître, demeure immobile

sur le rocher où elle a pris naissance. Pour empêcher que les vents ou les flots n'emportent sa maison, elle allonge hors de sa coquille une espèce de bras dont elle est armée, et tend autour d'elle une multitude de petits filets, qui, l'assujétissant de tous les côtés, sont comme autant de câbles qui la retiennent à l'ancre.

L'ennemi particulier de la moule est un petit coquillage qui s'attache sur sa coquille supérieure, la perce d'un petit trou fort rond, et, passant une trompe aiguë par cette ouverture, suce la chair jusqu'au dernier morceau.

LE NAUTILE.

Après vous avoir parlé de navigation et de coquillages, la peinture d'un poisson qui navigue dans sa coquille doit sûrement vous intéresser. Ce poisson est le nautile. On prétend que c'est de lui que les hommes ont appris à naviguer. Au moins, la forme de sa coquille approche de celle d'un vaisseau; et l'animal semble se conduire sur les ondes comme un pilote conduirait son navire.

Quand le nautile veut s'élever du fond de la mer, il retourne sa coquille sens dessus dessous; et, à la faveur de certaines parties de son corps qu'il gonfle ou qu'il resserre à volonté, il traverse toute la masse des eaux. En approchant de leur surface, il retourne adroitement son petit navire, dont il vide l'eau, à l'exception de ce qu'il lui en faut pour le lester, et pour marcher avec autant de sûreté que de vitesse. Alors il élève deux espèces de bras, et étend, comme une voile, la membrane mince et légère qui les unit. Il allonge et plonge dans la mer deux autres membres qui lui tiennent lieu d'avirons. Un autre lui sert de gouvernail ; et il se met à voguer habilement, soumettant les vents et les flots à son adresse. A l'approche d'un ennemi, ou dans les tempêtes, il baisse sa voile, retire son gouvernail et ses rames, et penchant sa coquille, il la remplit d'eau pour se précipiter plus aisément sous les ondes.

Le nautile est un navigateur perpétuel, qui est à la fois le pilote et le navire. On voit quelquefois, dans les temps de calme, de petites flottes de cette espèce sur la surface de la mer.

LA TORTUE.

Je vais maintenant vous parler de la tortue, dont le nom vous est assez connu par les fables de notre bon ami La Fontaine, où elle remplit souvent un personnage.

On en compte de trois espèces, de mer, d'eau douce et de terre.

Les tortues de mer sont les plus grandes. Il en est de si énormes, qu'on a vu quatorze hommes à la fois monter sur une écaille. Cette écaille peut former toute seule une barque et une maison. Lorsqu'on s'en est servi pendant le jour pour naviguer le long des côtes de la mer, on la porte le soir sur le rivage; et la voilà qui, soutenue par les rames qui l'ont fait voguer, devient une petite cabane où l'on trouve un abri contre la pluie et les injures de l'air.

Les tortues de mer prennent leur nourriture dans des espèces de prairies qui sont au fond des eaux, le long de plusieurs îles de l'Amérique. Des voyageurs rapportent que, dans un temps de calme, on découvre sous les ondes ce beau tapis vert, et les tortues qui s'y promènent. Quand elles ont fini leur repas, elles s'élèvent sur la surface des flots, toujours prêtes à s'enfoncer bien vite à l'approche de l'oiseau de proie ou des pêcheurs qui les guettent. Quelquefois cependant la grande chaleur du jour les surprend et les assoupit. On profite alors de leur sommeil pour les harponner de la même manière que les baleines, ou pour les prendre vivantes, ainsi que je vais vous le raconter.

Un plongeur vigoureux se place sur le devant d'une chaloupe. Parvenu à une petite distance de la tortue flottante, il plonge doucement, de peur de la réveiller, et va remonter fort près d'elle. Alors, saisissant tout à coup l'écaille vers la queue, il s'appuie sur le derrière de l'animal, et fait enfoncer cette partie dans l'eau. La pauvre tortue n'a pas l'esprit de réfléchir qu'en plongeant elle se débarrasserait de son ennemi. Vous avez lu l'histoire de l'âne de la fable, qui, après avoir fait tant de façons pour entrer dans le bateau quand on le tirait par son licou, s'y précipita brusquement lorsqu'on s'avisa de le tirer en arrière par la queue ? Eh bien, la tortue n'y met pas plus de finesse. Dès qu'elle se sent tirer vers le fond de l'eau, elle s'efforce de se soutenir au-dessus, en agitant ses pattes de derrière. Ce mouvement en effet l'y soutient, elle et le plongeur; mais pendant ce débat, les autres pêcheurs arrivent, la renversent adroitement sur le dos; et comme, dans cette situation, elle ne peut plus s'enfoncer, ils la poussent de leurs mains jusqu'à la chaloupe. On prétend qu'elle jette alors de profonds soupirs, et verse des larmes abondantes.

On prend aussi les tortues de mer sur la terre. La chasse la plus considérable se fait dans l'île de l'Ascension. Elle est encore inhabitée, parce qu'on n'y a pu découvrir aucune source d'eau douce; mais la quantité de tortues qu'on y trouve engage la plupart des vaisseaux à s'y arrêter, à dessein d'en faire leur provision pour les matelots attaqués du scorbut, qui est une maladie que l'on prend ordinairement sur la mer. Cette île, pour vous le dire en passant, est une espèce de bureau de poste, parce que les marins, en s'éloignant du rivage, y laissent un billet dans une bouteille bien fermée, pour donner de leurs nouvelles à ceux qui viennent après eux, et en apprendre à leur retour.

La pente unie et facile du sable dont elle est bordée est très-favorable pour les tortues, qui viennent, dit-on, de plus de cent lieues pour y faire leur ponte. Vous voyez encore par là combien la tortue de mer est différente à cet égard de la tortue de terre, dont la lenteur a passé en proverbe. Celle-ci emploierait toute sa vie à faire ce voyage; les autres, grâce à leur talent de nager, le font en peu de temps. Elles descendent sur la plage, et remontent un peu au-dessus de l'endroit où les flots peuvent atteindre. Alors avec leurs pates elles creusent un trou peu profond, où elles déposent leurs œufs; puis elles les recouvrent légèrement de sable, afin que la chaleur du soleil les échauffe et fasse éclore les petits.

Ces œufs sont d'une forme ronde, et de la grosseur d'une bille de billard; ils ont du blanc et du jaune comme les œufs de poule; mais ils ne sont pas si bons à manger. L'enveloppe en est mollasse, et ils paraissent au toucher comme un œuf de poule durci qu'on a dépouillé de sa coque.

Vingt-cinq jours environ après la ponte, on voit de tous côtés percer de dessous le sable de petites tortues déjà formées, et couvertes de leurs écailles, qui, sans être guidées par leurs mères, seules, et par le pur mouvement de leur instinct, s'acheminent tout doucement vers le bord de la mer. Malheureusement pour elles, la force des vagues les repousse, et les oiseaux de proie les enlèvent la plupart, avant qu'elles aient acquis assez de vigueur pour manœuvrer contre les flots, et gagner le fond de la mer, comme un refuge pour leur faiblesse. Aussi, de deux cent soixante œufs ou environ que pond chaque tortue, à peine en voit-on réchapper une douzaine.

Comme les tortues attendent ordinairement les ténèbres, afin de dérober à la vue des oiseaux le dépôt où elles cachent l'espérance de leur famille, les marins attendent aussi ce moment pour faire leur coup. Dès la fin du jour, ils abordent sur la côte, et s'y tiennent sans bruit en embuscade, guettant leur proie d'un œil attentif. Aussitôt que les tortues ont quitté la mer, et en sont assez éloignées pour qu'ils puissent leur couper le retour, ils marchent à elles et les renversent sur le dos, les unes après les autres. Cette opération doit se faire avec autant de prudence que d'agilité, de peur que la tortue, en se débattant avec ses pattes, ne leur fasse voler du sable dans les yeux. Dans cette posture incommode, qui la prive de tout moyen de défense, elle ne songe qu'à faire rentrer ses pattes et sa tête sous son écaille, laissant de cette manière la plus grande facilité pour la transporter à bord du vaisseau. Quelquefois on la mange sur le rivage même. Après l'avoir tuée avec précaution, crainte d'endommager ses œufs, on l'assaisonne avec du poivre, du sel, du girofle et du citron, et son écaille sert de casserole pour la faire cuire.

La chair de tortue salée est d'une aussi grande

ressource dans l'Amérique que la morue en Europe. On en tire aussi de l'huile. Une grosse tortue en fournit plus de trente bouteilles. La chair des plus petites pèse cent cinquante livres ; les tortues ordinaires en donnent deux cents. On en prit une, il y a plusieurs années, sur les côtes de France, d'environ six pieds de long, qui pesait entre huit et neuf cents livres. Deux ans après on en prit une autre, longue de cinq pieds, et du poids de près de huit cents livres. Le foie seul se trouva suffisant pour fournir abondamment à dîner à plus de cent personnes. Sa graisse, que l'on fit fondre, prit la consistance du beurre, et fut trouvée d'un fort bon goût.

La croissance des tortues de mer est très-rapide. Un de ces animaux, qu'on avait mis très-jeune dans un petit baquet, s'y trouva à l'étroit au bout de quelques jours. On le mit dans une moitié de barrique ordinaire, et l'on se vit bientôt obligé de lui donner un grand muid pour logement. Le vaisseau qui le portait ayant fait naufrage sur les côtes de France, la tortue se sauva dans la mer. Comme il n'en vient point ordinairement dans ces climats, on a soupçonné que celle-ci est l'une des deux dont il était question tout à l'heure, qui fut prise quatorze ans après pesant près de huit cents livres. Elle n'en pesait que vingt-cinq lorsqu'on l'embarqua.

La force de ces animaux est extrême. On en voit qui portent cinq à six hommes assis sur leur dos. Leur vie est aussi très-dure et très-longue, elle s'étend quelquefois au-delà de quatre-vingts ans.

Les tortues d'eau douce ressemblent beaucoup à celles de la mer. Aux approches de l'hiver, elles viennent à terre, s'y creusent des trous, et y passent toute la saison sans manger, dans un état d'engourdissement. On les voit même, dans l'été, passer plusieurs jours sans prendre de nourriture. Elles détruisent beaucoup de poissons dans les étangs.

La tortue de terre se trouve sur les montagnes, dans les forêts, dans les champs et dans les jardins. Elle vit d'herbes, de fruits, de vers, de limaçons et d'autres insectes. Celles que l'on garde dans les maisons pour en faire des remèdes, peuvent se nourrir avec du son et de la farine.

L'écaille de toutes les espèces de tortues sert à faire des tabatières, des manches de couteaux, de rasoirs, de lancettes, et une infinité de jolis bijoux.

LES COQUILLAGES.

Outre les poissons dont je viens de vous entretenir, je pourrais vous en nommer plusieurs encore, dont la seule peinture ne vous intéresserait pas moins vivement. Les uns sont armés d'une épée ou d'une scie, les autres hérissés de pointes ou d'épines, etc. L'objet pour lequel la nature leur a donné ces armes, l'usage qu'ils en savent faire, les besoins qu'ils éprouvent pour leur subsistance, les moyens qu'ils emploient pour y pourvoir, les différens degrés de leur instinct et de leur industrie; tout en eux et dans tous les autres est bien digne de votre curiosité. Ne sentez-vous point déjà le plaisir que vous goûterez un jour en cherchant à pénétrer les merveilles étalées de tous côtés à vos regards? Que diriez-vous de celui qui, venant d'hériter d'un superbe palais, irait se renfermer stupidement dans l'alcôve la plus enfoncée, sans chercher à connaître les ameublemens précieux dont il est environné? Tel et plus stupide mille fois serait l'homme, héritier de Dieu sur la terre, qui végéterait entouré de prodiges vivans qui sollicitent sans cesse sa curiosité, sans qu'un noble désir le portât jamais à la satisfaire. Les devoirs que son état, quel qu'il soit, l'obligent de rendre à la société, ne sont point un obstacle à son instruction. Combien d'heures perdues dans des amusemens frivoles, qu'il pourrait consacrer à acquérir des jouissances utiles, sources inépuisables des plaisirs les plus flatteurs! L'homme instruit n'éprouve jamais dans sa vie un seul moment de solitude ou d'ennui. Dans la profondeur des déserts, il trouve une société nombreuse qu'il interroge, et dont il sait entendre la voix. Un brin d'herbe, un insecte, suffisent pour éveiller en lui une foule d'idées, et pour lui faire parcourir dans un instant le cercle immense de la création. La juste valeur dont il s'accoutume à priser les choses humaines, l'étendue et la dignité que ses réflexions donnent à son esprit, le tiennent aussi loin de l'orgueil que de la bassesse; et ses lumières peuvent élever sa fortune sans en dégrader l'ouvrage par de vils moyens.

Vous n'êtes pas encore en état, mon cher Henri, de sentir toute la vérité de ce que je viens de vous dire; mais il me semblait voir vos parens auprès de vous, et c'est à eux que je m'adressais pour leur inspirer le désir de travailler à votre bonheur, en vous faisant acquérir les connaissances qui le procurent. Je crois aussi lire dans vos yeux que tout ce que vous avez pu saisir de ce beau tableau vient d'allumer votre imagination, et que vous brûlez d'impatience de vous instruire. Mettons à profit des dispositions si favorables, et reprenons le ton familier de nos entretiens.

Vous avez vu des bouquets formés de coquilles, dont les nuances représentaient celles des plus belles fleurs; vous avez admiré les jolis compartimens qu'on en faisait sur nos surtouts de dessert, l'effet agréable qu'elles produisent sur le bord des bassins, dans la décoration des grottes et des cascades: mais ce ne sont encore là que des coquillages uniformes et communs, tels que la mer les jette en profusion sur ses rivages. C'est dans les cabinets des curieux que vous pourrez en observer d'un choix rare et d'une variété presque infinie. C'est là que vous passerez des journées entières à vous extasier sur l'élégance ou la singularité de leurs formes, l'éclat et la diversité de leurs couleurs.

Chacune de ces coquilles renfermait autrefois un poisson qui vivait au fond de la mer, retiré dans son palais immobile, ou qui l'emportait avec lui en nageant, par une manœuvre admirable, telle que je vous l'ai peinte tout à l'heure dans l'histoire du nautile.

Une autre histoire, non moins intéressante pour vous, est celle d'une espèce d'écrevisse qu'on nomme Bernard l'ermite, ou le soldat.

Bernard l'ermite est couvert d'écailles dans tout son corps, excepté sur l'extrémité du dos. Pour mettre cette partie à l'abri de ce qui pourrait la blesser, il va dès sa naissance chercher une coquille vide, dans laquelle il s'établit, jusqu'à ce qu'en grandissant il ait besoin d'un logement plus vaste.

Lorsque ce moment est venu, sans quitter sa première coquille, il va sur le rivage en chercher une autre. Dès qu'il l'a trouvée, il sort de l'ancienne pour essayer la nouvelle. S'il ne la juge pas bien proportionnée à sa taille, il va plus loin, mesurant toutes celles qu'il rencontre, jusqu'à ce qu'il en ait une qui lui convienne. Aussitôt il s'y glisse avec une extrême précipitation, et dans sa joie il fait deux ou trois caracoles sur le sable. Il a toujours soin de choisir un ermitage assez spacieux pour pouvoir se tapir dans le fond, de manière à le faire croire inhabité; ce qu'il pratique au moindre bruit qui se fait entendre. Si par hasard un de ses camarades se trouve dépouillé en même temps que lui, pour entrer dans la même coquille, il se livre aussitôt entre eux un combat, et le plus faible abandonne la coquille au vainqueur.

C'est apparemment pour ces combats que Bernard l'ermite a obtenu le surnom de soldat, ou peut-être aussi parce qu'il a l'air d'une sentinelle dans sa guérite.

L'histoire des coquillages forme une branche très-curieuse de la connaissance de la nature. On aime à voir comment, pour nous donner dans tous ses ouvrages une idée de sa grandeur et de sa richesse, elle a revêtu un vil poisson de sa livrée la plus brillante.

Des plongeurs vont chercher les coquilles au fond des eaux. La mer, dans les tempêtes qui la bouleversent dans toute sa profondeur, en jette aussi quelquefois sur ses bords.

PLANTES MARINES.

Les plantes marines ne sont pas, à beaucoup près, aussi variées que celles de la terre. Je me contenterai de vous dire quelques mots des algues et des fucus.

Les feuilles de l'algue commune sont d'environ deux ou trois pieds de longueur, molles, d'un vert sombre, et semblables à des courroies. On en trouve une espèce dans les mers du nord dont les feuilles sont jaunâtres. Lorsque cette plante est exposée au soleil, il transpire de ses feuilles de petits grumeaux d'un sel doux et de bon goût, dont on fait usage en guise de sucre.

Les fucus sont la plupart ramifiés en arbrisseaux. Il s'élève sur leurs feuilles de petites vessies remplies d'air, comme des ballons, qui tiennent la plante debout dans l'eau ou l'y font flotter. Il en est quelques espèces d'une jolie couleur de rose, de vert et de citron; on les fait bien tremper dans de l'eau douce en sortant de la mer, puis on les fait sécher entre deux papiers, ou sur un carton que l'on couvre d'un verre ; ce qui produit des tableaux fort agréables.

LE CORAIL.

Vous avez pris souvent, mes amis, pour des arbrisseaux ou des plantes ces productions marines que vous aviez tant de plaisir à considérer dans le cabinet de votre papa. Des personnes qui, soit dit sans vous offenser, étaient incomparablement plus habiles que vous, ont toujours vécu dans la même erreur, qui s'est perpétuée pendant plusieurs siècles : ce qui vous prouve avec quelle attention il faut étudier la nature pour découvrir ses secrets.

INTRODUCTION FAMILIÈRE.

Je vais d'abord vous parler du corail, qui a dû vous frapper le plus vivement, et qui vous servira à mieux comprendre ce qui concerne les autres.

Le corail, dont la teinte est ordinairement rouge, et quelquefois blanche, ou mélangée de ces deux couleurs, a la figure d'un arbrisseau. Sa plus grande hauteur est d'un pied ou un peu plus. Sa tige, à peu près de la grosseur de mon pouce, est couverte d'une espèce d'écorce, et porte des branches dépouillées de feuilles, mais qui semblent présenter des graines et des fleurs. Voilà des apparences bien séduisantes pour le croire un petit arbre, n'est-ce pas? Cependant ce n'est que l'ouvrage de petits vers appelés polypes. Je vais vous dire comment ces ingénieux architectes en forment l'édifice pour leur habitation.

Aussitôt que les œufs de polypes, assemblés en peleton sous quelque rocher, sont éclos, ces animaux commencent à se bâtir en rond, et l'une contre, de petites cellules, qu'ils forment à la manière des limaçons et des coquillages, d'une substance qui s'échappe de leur corps. A mesure que cette substance devient plus abondante, et s'épaissit au point de remplir le fond des tuyaux qu'ils habitent, ils sont forcés de monter un peu plus haut, et d'en former d'autres au-dessus dans la même direction. Ceux-ci se remplissent de la même manière; par où le corail acquiert sa dureté : et comme dans l'intervalle la famille se multiplie, les nouveaux-nés forment d'un côté et d'autre des colonies, d'où proviennent les branches qui se ramifient à leur tour.

Les fleurs qu'on avait cru remarquer sur les branches ne sont que les bras de ces polypes, qu'ils étendent en forme de griffes, pour saisir les débris d'insectes dont ils se nourrissent, et les graines prétendues ne sont que leurs œufs.

C'est de la même manière, mais avec quelque variété, suivant les différentes espèces de polypes, que se forment les coralines, les lithophytes, les éponges, les madrépores et d'autres polypiers, qui se trouvent en certains endroits dans une si grande abondance, que le fond de la mer ressemble à une épaisse forêt.

Vous vous félicitez sans doute, mes amis, de tout ce qu'il vous reste d'intéressant à apprendre dans l'étude de la nature. Je ne vous en ai présenté qu'un petit tableau, seulement pour vous montrer la perspective de ce qu'elle doit offrir un jour à vos regards, si vous savez les accoutumer de bonne heure à l'observation qu'elle exige pour pénétrer ses mystères. Je ne connais rien de plus satisfaisant et de plus récréatif. Quand nous serons de retour à Paris, je vous mènerai de temps en temps au cabinet d'histoire naturelle, pour vous y faire remarquer peu à peu tous les objets curieux qu'il renferme. Nous y emploierons nos heures de récréation, afin de ne pas déranger l'ordre de vos études. Je me flatte que vous me remercierez de vous avoir fait connaître ces nouveaux plaisirs, et qu'ils vous pa-

Contemplez le Soleil...Toute cette magnificence est son ouvrage.

raîtront bien préférables aux amusemens ordinaires de votre âge.

Nous avons jusqu'ici promené nos regards sur la terre, pour nous former une première idée de ses habitans et de ses productions; nous venons de les plonger avec le même dessein jusque dans les profondeurs de la mer : dans notre premier entretien, nous les élèverons vers les cieux, pour étudier les mouvemens des astres qui roulent dans leur immense étendue.

LE SOLEIL.

Reposons-nous ici, mes amis. Nous voici parvenus sur le sommet le plus élevé de la colline. Venez vous asseoir près de moi, et jouissons ensemble de la fraîcheur de cette belle soirée. Quelle charmante perspective s'offre à nos regards! Comme ce vaste paysage réunit l'agrément et la richesse dans le mélange de ces vertes prairies où l'œil s'égare avec tant de plaisir, de ces petits ruisseaux qui semblent se jouer en les baignant de leurs eaux fécondes, de ces champs couverts de moissons dorées, et de cette forêt, dont les robustes enfans vont se transformer en vaisseaux, pour aller nous chercher mille trésors précieux aux bornes de la terre!

Au-dessus de cette scène admirable, contemplez le soleil, qui, du seul éclat de sa couronne, remplit l'immensité de son empire. Toute cette magnificence est son ouvrage.

Après avoir rendu par la chaleur de ses rayons la vie à la nature, il en fait briller les traits rajeunis de la splendeur de sa lumière, et jette sur les plis de sa robe verdoyante les plus vives couleurs.

Occupons-nous un moment de ce qu'il est, et des bienfaits qu'il répand sur la terre, avant de rechercher la place qu'il occupe, et de parcourir les espaces immenses où s'étend sa domination.

Le soleil est un globe de feu, qui, tournant sur lui-même avec une rapidité prodigieuse, darde sans cesse, et de tous les côtés en lignes droites, des rayons formés de sa substance, et destiné à porter avec une vitesse inconcevable, jusqu'au bout de l'univers, la lumière qui l'éclaire, la chaleur qui l'anime, et les couleurs qui l'embellissent.

C'est un globe, puisque dans toutes ses parties il se montre à nos yeux sous une forme circulaire, et qu'avec un bon télescope on découvre sa convexité. Il est de feu, puisque ses rayons rassemblés par des miroirs concaves ou des verres convexes, brûlent, consument et fondent les corps les plus solides, ou même les convertissent en cendres ou en verre.

Il tourne sur lui-même, puisque l'on observe sur son disque des taches, qui, se montrant sur un de ses bords, semblent passer à travers toute sa largeur sur le bord opposé, se dérobent pendant quelques jours, et reparaissent ensuite au premier point d'où elles sont parties. Ces taches peuvent aisément se découvrir avec une bonne lunette; leur nombre va quelquefois jusqu'à cinquante; et il en est que l'on a vues dix-sept cents fois plus grandes que la terre entière. Soit qu'on les considère comme des écumes formées par l'action d'un feu violent, soit plutôt comme des éminences solides du corps du soleil, que les flots de matière enflammée qui le baignent laissent quelquefois à découvert dans leur agitation; ces taches, unies à sa masse, ne laissent pas douter, par leur cour régulier, qu'il ne tourne avec elles sur lui-même; et cette rotation qui se fait en vingt-cinq jours et demi, quoique plus lente que celle de la terre, qui n'y emploie qu'un jour, doit être d'une rapidité prodigieuse pour un globe quatorze cent mille fois plus gros que le nôtre.

Le soleil darde ses rayons sans cesse de tous côtés, et même de tous les points de sa surface, car il n'est pas un seul instant où sa lumière ne se répande sur toutes les parties de l'univers tournées vers lui, et pas un seul point qu'il éclaire, d'où on ne le voie tout entier.

Ses rayons sont dirigés en lignes droites, et non par des ondulations semblables à celles que le mouvement excite dans l'air et dans l'eau; car autrement on le verrait lorsqu'il serait caché derrière une montagne, et même lorsqu'il serait de l'autre côté de la terre, c'est-à-dire pendant la nuit, puisque sa lumière étant répandue par ondes, comme le son, l'impression en viendrait toujours à nos yeux. La lune, par la même raison, ne pourrait jamais l'éclipser. J'en ai une autre preuve plus à votre portée. Lorsque j'ai fait votre portrait à la silhouette, c'est que votre tête jetait sur la muraille une ombre exactement de la même forme qu'elle-même; ce qui prouve clairement que les rayons croisaient en lignes doites toutes les extrémités de votre profil. On peut enfin s'en convaincre d'une autre manière, en fermant les volets d'une chambre, et en y pratiquant un petit trou : les rayons qui passent par cette ouverture ne se répandent point en ondes dans la chambre, mais la traversent en lignes droites, sans éclairer autre chose que les objets qu'ils rencontrent dans cette direction.

Les rayons du soleil sont formés de sa propre substance. Ce sont des flots de sa matière enflammée qu'il lance de tous côtés. A la distance où il est de nous, comment ses rayons pourraient-ils nous échauffer s'ils ne partaient d'une source brûlante, en conservant dans le trajet leur chaleur par la vitesse de leur mouvement? Vous branlez la tête, Henri? Vous pensez sans doute que le soleil devait être dès long-temps épuisé? Votre arrosoir, dites-vous, n'est pas une minute à se vider de l'eau qu'il contient. Je veux renchérir encore sur votre objection. L'arrosoir ne verse de l'eau que d'un côté, et le soleil répand de toutes parts sa lumière. Il la fait jaillir jusqu'à des lieux un million de fois peut-être plus éloignés de lui que nous ne le sommes, puisque certaines étoiles, qui sont à cette distance, envoient leur lumière jusqu'à nos yeux. Il ne paraît pas cependant que ni le soleil, ni les étoiles aient souffert, depuis tant de siècles, quelque diminution de leur éclat. Vous voyez que je n'ai pas affaibli votre difficulté. Écoutez maintenant ma réponse.

Il est d'abord nécessaire de vous donner une idée de la petitesse prodigieuse des parties dont les rayons de lumière sont composés. Au moyen du microscope je vous ai fait voir dans une goutte d'eau de mare, pas plus grosse qu'une lentille, des milliers de petits insectes vivans. Ces insectes ont des yeux, des membres, du sang, ou une autre liqueur qui circule dans leur corps pour les animer. Il vous est aisé, ou plutôt il vous est impossible de vous figurer combien chaque goutte de ce sang ou de cette liqueur doit être menue. On prouve, par le calcul, qu'elle est moins par rapport à un grain de sable d'un ligne, que ce grain de sable n'est au globe de la terre. Eh bien, cette petitesse n'est rien encore en comparaison de celle des parties de la lumière, ainsi que vous allez en convenir. Je vous ai dit tout à l'heure que nous ne voyons le soleil entier que parce que de tous les points de sa surface il part des rayons qui viennent peindre son image au fond de nos yeux. Il n'est pas douteux que ces insectes ne voient le soleil pendant le jour; peut-être voient-ils pendant la nuit les étoiles. Or, ils ne peuvent les voir que de tous les points de toute la surface des étoiles et du soleil il ne soit parti des rayons pour en porter jusqu'au fond de leurs yeux l'image entière. Le soleil est plus de quatorze cent mille fois plus grand que la terre ; chacune des étoiles est aussi grande que le soleil. Voilà donc des corps d'une masse si incompréhensible, qui, de tous les points de leur étendue, envoient des flots de lumière dans l'œil d'un petit insecte, confondu avec des milliers de ses semblables dans une goutte d'eau, à peine sensible à nos regards.

Vous refuserez peut-être de croire qu'un si petit animal puisse porter sa vue jusqu'aux étoiles. Je ne vous chicanerai point là-dessus, quoique je puisse vous citer un très-beau vers de M. de Bonneville, qui dit en parlant de la puissance de Dieu :

Et sur l'œil de l'insecte il a peint l'univers.

Mais si l'insecte ne jouit pas de ce vaste spectacle, nous en jouissons, nous autres. Notre œil peut, dans une seconde, parcourir toute l'étendue des cieux. Il aura vu non-seulement toutes les étoiles, mais encore toutes les parties de l'espace qui les sépare ; ce multiplie bien davantage la quantité des rayons qui seront venus successivement aboutir à nos yeux. Et cette nouvelle expérience est une preuve plus forte encore de l'infinie petitesse des parties de la lumière, puisqu'un si grand nombre de rayons se sont combattus et effacés les uns les autres dans notre œil, sans lui causer la plus légère impression de douleur, malgré la vitesse inconcevable dont ils viennent le frapper.

Il vous est arrivé fort souvent de voir dans la campagne la lumière d'une chandelle qui brûlait à une lieue au moins de vous. En traçant un cercle autour de cette chandelle, à la distance où vous en étiez, il est clair que de tous les points de ce cercle on aurait pu la voir, et, à plus forte raison, de tous les points de l'étendue qu'il renferme. Tous les points de cet espace, jusqu'à une distance pareille en dessus et en dessous, si le flambeau était suspendu dans les airs, seraient donc remplis de parties de lumière émanées de la flamme de la chandelle. Elle ne consume pas, dans la durée d'un clin d'œil, un globule de suif gros comme la tête d'une épingle. Ce petit globule de suif a donc fourni à la lumière une matière capable de remplir par sa division un globle de deux lieues de diamètre. Aussi le calcul peut-il démontrer qu'un pouce de bougie, après avoir été converti en lumière, a donné un nombre de parties plusieurs millions de fois plus grand que celui des sables que pourrait contenir la terre entière, en supposant qu'il tienne cent parties de sable dans la longeur d'un pouce. Que serait-ce donc d'un pouce de matière lumineuse infiniment plus pure, et par là susceptible d'une plus grande division? Enfin, si un grain de musc exhale sans cesse, et de tous côtés, des particules de sa substance; s'il les exhale pendant vingt-cinq ans sans rien perdre sensiblement de son volume; si un boulet de fer d'un pied de diamètre, rougi à un grand feu, laisse échapper des flots de particules enflammées et lumineuses, sans que cette effusion lui fasse perdre l'équilibre dans la plus juste balance, vous concevrez plus aisément que le soleil puisse répandre des torrens de lumière sans paraître s'affaiblir. et qu'une petite partie de sa masse lui suffise pour remplir, pendant des siècles, de sa lumière et de sa chaleur, toutes les planètes et les espaces qui lui sont soumis.

Quant à la vitesse inconcevable de ses rayons, il est prouvé qu'ils n'emploient qu'environ huit minutes pour venir de lui jusqu'à nous. Lorsque vous serez un peu plus avancés dans l'étude des cieux, je vous dirai par quelle observation on a fait d'abord cette découverte, et comment une expérience ingénieuse l'a confirmée. Il me suffit à présent de vous garantir que ce point est de nature à ne pas être plus contesté que l'existence même de la lumière.

Tout ce qui regarde les couleurs demanderait trop de détails pour vous être expliqué dans le cours de cet entretien; nous y reviendrons dans un autre moment.

Il ne me reste donc plus qu'à vous parler de la chaleur que nous devons au soleil. C'est le plus grand et le plus sensible de ses bienfaits, puisqu'il produit le mouvement et la vie dans tout ce qui respire. Je me borne à présent à vous en montrer les effets dans la végétation.

Vous vous souvenez de l'état de langueur où gémissait la nature pendant la triste saison de l'hiver. La terre étant saisie d'un profond engourdissement, les fleurs n'osaient paraître sur son sein, et les arbres étaient dépouillés de tout leur feuillage. La sève qui les anime, en circulant, comme je vous l'ai fait voir, dans leurs troncs, leurs branches et leurs rameaux, n'avait plus qu'un mouvement paresseux et de défaillance, qui suffisait à peine à leur conserver un reste de vie presque insensible, et tout voisin de la mort. Le printemps est venu réchauffer la terre; et, soudain la sève reprenant la liberté de son cours, la verdure s'est déployée sur toutes les plantes. Comment le soleil a-t-il produit ce changement? Je vais prendre un exemple plus près de vous, pour vous en rendre l'explication plus aisée à concevoir.

Il n'est pas que vous n'ayez vu un de ces animaux que les petits Savoyards portent dans des boîtes, et qu'ils se plaisent à montrer pour quelque pièces de monnaie aux enfans, une marmotte, s'il faut vous dire son nom. Ces bêtes sont très-sensibles au froid; et comme il est plus pénétrant dans les montagnes de la Savoie, où elles ont pris naissance, afin de se dérober à sa rigueur, elles creusent dans la terre des trous profonds, où elles restent renfermées pendant l'hiver dans un morne assoupissement. Rien, comme vous le voyez, ne peut se ressembler davantage dans cet état qu'un arbre et une marmotte. Ils sont tous les deux engourdis, parce que la sève de l'un, et le sang de l'autre, qui sont les principes de leur vie, n'ont qu'une circulation embarrassée dans les tuyaux du premier et dans les veines du second, par l'action du froid qui les resserre. Laissons l'arbre un moment, et ne nous occupons que de la marmotte.

Si vous étiez en voyage dans les montagnes de la Savoie, et que vous trouvassiez un de ces animaux engourdi, voici le raisonnement que vous feriez sans doute : puisque c'est le froid qui cause son engourdissement, je puis l'en retirer en lui rendant la chaleur. Mais si vous ne faisiez qu'allumer auprès de lui un feu peu vif et de courte durée, quand vous renouvelleriez cent fois par intervalles cette opération, l'engourdissement n'en subsisterait pas moins. Si, au contraire, en allumant d'abord un petit feu, vous l'augmentiez successivement et que vous eussiez grand soin de le renouveler sans cesse avant qu'il fût tout-à-fait éteint, il n'est pas douteux que la marmotte ne sortît de sa léthargie, puisque son sang reprendrait sa fluidité. Vous la verriez bientôt étendre ses jambes, ouvrir ses yeux, secouer ses oreilles, et vous réjouir par la souplesse et la vivacité de ses mouvemens.

Voilà précisément les dégrés par lesquels le soleil tire la nature de l'engourdissement où elle était plongée, et la ramène à la vie. La longueur des nuits de l'hiver vous a donné lieu d'observer combien peu le soleil restait alors sur la terre. Il venait bien l'éclairer chaque jour; mais à peine avait-il paru quelques heures sur nos têtes qu'on le voyait déjà s'éloigner. D'ailleurs, il ne nous envoyait ses rayons que d'une médiocre hauteur, même dans son midi. Il n'est donc pas étonnant que la terre, perdant la nuit le peu de chaleur qu'elle avait reçu pendant le jour, n'en conservât pas assez pour se ranimer. Depuis le printemps, vous avez vu les jours s'agrandir par des progrès plus marqués, et le soleil darder ses rayons plus directement sur nos têtes. Peu à peu la terre s'est dégourdie ; son sein s'est réchauffé ; la sève, qui est le sang des plantes, a repris son cours, les arbres se sont couverts de feuilles et de fleurs ; et maintenant que nous sommes aux jours les plus longs de l'année, et le soleil au plus haut point de son élévation sur la terre, vous voyez des fruits déjà mûrs, d'autres qui tendent rapidement à le devenir. Comme la chaleur ira toujours en augmentant pendant l'été, les fruits qui en demandent le plus pour mûrir trouveront à leur tour le degré qui leur est nécessaire, avant que le soleil, qui va dès la fin de ce mois (juin) perdre de son élévation sur nos têtes, et diminuer graduellement, jusqu'à la fin de l'automne son cours journalier, laisse peu à peu retomber la terre dans les horreurs de l'hiver.

Quelle idée vous passe donc par la tête en ce moment, Charlotte ? Je croyais tout à l'heure lire sur votre visage que mon explication avait le bonheur de vous satisfaire. Pourquoi venez-vous de froncer le sourcil aux dernières paroles ? Auriez-vous quelques difficultés à me proposer ? Vous savez que je les aime. Voyons, je vous écoute. Ah! je comprends votre objection, et je vais moi-même vous la rapporter. Puisque le soleil n'a fait cesser le froid de l'hiver qu'en s'élevant plus directement sur nos têtes, et en prolongeant la durée du jour, comment la chaleur pourra-t-elle augmenter pendant l'été, puisque, dès la fin ce mois, le soleil va perdre chaque jour de sa hauteur sur l'horizon, et s'en éloigner plus long-temps pendant la nuit? N'est-ce pas là ce que vous vouliez dire, seulement en termes un peu plus clairs? Fort bien. Je suis très-aise que vous m'ayez proposé cette difficulté. Elle est toute naturelle. D'ailleurs elle me prouve que vous m'avez prêté une oreille attentive, et que votre esprit est déjà capable d'une certaine justesse de raisonnement. Je me fais un vrai plaisir de vous répondre.

Vous souvenez-vous que l'autre jour après souper, voulant vous aller reposer à dix heures du soir sur le banc du jardin, vous trouvâtes la pierre encore si chaude, quoique le soleil eût cessé, depuis deux heures, d'y darder ses rayons, qu'il vous fut impossible de vous y asseoir? Vous voyez par là qu'un corps échauffé par le soleil peut conserver long-temps la chaleur qu'il en a reçue, bien qu'il ne soit plus exposé à ses feux. Vous concevez aussi qu'un caillou, placé sur le banc même, l'aurait bien plus tôt perdue, parce que plus le corps est petit, plus elle est prompte à s'en écapper. Il vous serait aisé d'en faire l'expérience, en jetant à la fois dans un brasier un clou et une grosse barre de fer; la barre serait bien plus long-temps à se refroidir que le clou. Ainsi, si le banc de pierre a conservé pendant deux heures après le coucher du soleil une chaleur assez forte pour vous être insupportable, il est à présumer que la terre, qui est d'une masse infiniment plus grande, l'a conservée plus avant dans la nuit, et même jusqu'au lendemain au matin. Le soleil, la trouvant encore échauffée, aura donc ajouté de nouveaux degrés de chaleur à ceux qu'elle avait gardés la veille; et, comme avec cette plus grande quantité elle en aura encore retenu davantage la nuit suivante, la chaleur ira toujours en augmentant, soit dans son sein, soit dans l'air, à qui elle se communique, jusqu'à ce que les nuits, devenant beaucoup plus longues, et par conséquent plus fraîches, la terre perde enfin dans leur durée la plus grande partie de la chaleur qu'elle a reçue pendant le jour, ce qui arrive ordinairement au commencement de l'automne. C'est par ce moyen que les raisins, qui, mûrissant plus tard que les cerises, ont besoin d'une plus grande continuité de chaleur, la trouvent même lorsque le soleil ne darde plus si long-temps ses rayons sur leurs grappes.

C'est par la même raison que la chaleur est ordinairement plus accablante à trois heures qu'à midi, quoique le soleil soit déjà descendu pendant trois heures vers l'horizon. Cet été du jour, si j'ose ainsi parler, répond à merveille à l'été de l'année.

Après avoir parlé si long-temps des bienfaits du soleil, il vous tarde sans doute de savoir quelle place ce roi de l'univers occupe dans son empire. C'est ici, je l'avoue, que j'éprouve un peu d'embarras à vous satisfaire. Tout ce que je vous ai dit jusqu'à présent s'accordait à merveille avec vos sens et vos idées, ou du moins ne contrariait que votre inexpérience : ce qui me reste à vous annoncer contredit tout absolument; et j'ai besoin de la confiance que je vous ai inspirée pour vous préparer à changer d'opinion.

Tous les peuples de l'antiquité, même les plus éclairés, excepté un ancien philosophe et ses disciples, ont cru que le soleil tournait autour de la terre; tous les plus grands philosophes modernes, sans exception, le croyaient aussi, il n'y a pas plus de deux cent quarante ans; tous les enfans le croient encore aujourd'hui sur la foi de leurs mies et de leurs bonnes; et tout le peuple ignorant et grossier le croira toujours. Les expressions ordinaires du lever, de l'élévation et du coucher du soleil, employées dans l'usage familier, même par les astronomes, pour s'accommoder aux idées du peuple, ont contribué à entretenir cette erreur. Il faut convenir que le premier témoignage de nos yeux lui est aussi favorable. Comment se douter que la terre tourne autour du soleil, tandis qu'on le voit au niveau de nos pieds le matin, à midi sur nos têtes, le soir encore à nos pieds, et qu'il doit, selon toute apparence, se trouver la nuit par dessous? Mais dites-moi, je vous prie, si vous n'aviez pas vu les arbres trop bien affermis sur le rivage pour bouger légèrement, n'auriez-vous pas cru mille fois, en descendant la rivière dans un bateau, que les uns s'enfuyaient derrière vous, et que les autres accouraient à votre rencontre? Lorsqu'on faisait faire un demi-tour au bateau pour aborder, n'auriez-vous pas cru que le rivage lui-même tournait autour de vous, si vous ne l'aviez pas jugé plus tenace encore que les arbres? Vous sentez donc que nos yeux peuvent nous en imposer sur les apparences des choses. Il était peut-être permis d'en être dupe avant l'invention du télescope. Les anciens ignorant la véritable grandeur du soleil, et la jugeant beaucoup moins considérable que celle de la terre, s'applaudissaient de leur sagesse en le faisant tourner autour d'elle. Mais si la terre est plus de quatorze cent mille fois plus petite, comme cela est déterminé sans réplique, ne serons-nous pas plus sages, à notre tour, de le rendre immobile au centre de notre monde, et de la faire tourner dans l'espace d'une année, autour de lui, en tournant chaque jour sur elle-même? Si nous devons nous former les idées les plus simples de l'ordre de la nature, que diriez-vous d'un architecte qui aurait la bizarrerie de construire la cheminée de la cuisine de manière que le foyer tournât autour du gigot que l'on voudrait faire cuire à la broche? Mais de plus, il est certain, par des observations invariables, que c'est le gigot qui tourne devant le foyer; je veux dire la terre autour du soleil. Je vous en promets les preuves les plus évidentes quand vous serez un peu plus en état de les saisir. Tout ce que je vous demande à présent est de vous prêter du moins à ce système comme à une supposition, pour me mettre en état de vous conduire aux preuves qui doivent en établir dans votre esprit l'incontestable vérité.

Je crois avoir terminé la partie la plus difficile de mon entreprise ; mais voilà des étoiles qui viennent me jeter dans un nouvel embarras. Puisque nous sommes sur le chemin des grandes vérités, il faut aller plus loin, et vous dire que cette voûte céleste ne tourne pas plus que le soleil autour de la terre, et que c'est la terre au contraire qui, tournant sur elle-même en vingt-quatre heures, s'imagine que les étoiles font dans le même temps cette révolution. Cela serait aussi un peu trop exigeant de sa part; car il faudrait, pour obéir ponctuellement à ses or- ordres, qu'elles fissent quarante - neuf millions de lieues par seconde; ce qui surpasse tant soit peu la grande vitesse de nos messageries. Si la terre a besoin de la chaleur et de la lumière du soleil, il est de toute bienséance qu'elle se donne la peine de tourner autour de lui et sur elle-même pour les recevoir, d'autant mieux que, par la même occasion, et sans faire sa pirouette plus vite, elle peut jouir du plaisir de promener successivement ses regards sur la douce illumination des étoiles, bien qu'elles lui soient tout-à-fait étrangères.

Mais je commence à sentir que la soirée devient un peu fraîche. Je crois qu'il serait à propos de rentrer au logis pour continuer cet entretien.

Nous voilà un peu remis de la fatigue de notre promenade. Sonnez, je vous prie, Henri, pour qu'on nous donne des lumières ; et vous, Charlotte, apportez ici votre globe.

Je vous ai dit que le soleil demeure toujours constamment à la même place, et que la terre décrit un grand cercle autour de lui chaque année, en tournant chaque jour sur elle-même. Il vous paraît difficile de concevoir qu'elle puisse se livrer à ces deux mouvemens à la fois. Comment donc? qui vous empêcherait de tourner tout autour de la chambre en pirouettant? Si vous faisiez ce tour en trois cent soixante-cinq pirouettes, le grand cercle que vous décririez représenterait le mouvement annuel de la terre, et chaque pirouette, son mouvement journalier. Si ce flambeau était placé au milieu du cercle, n'est-il pas vrai qu'à chaque demi-pirouette vous le verriez ou le perdriez de vue, selon que vous lui tourneriez le visage ou le dos? Cette alternative peut vous donner une idée de la manière dont la terre reçoit tour-à-tour la lumière du jour et l'obscurité de la nuit. Appliquons cette expérience à notre globe. Je vais piquer une épingle blanche sur cette moitié qu'il présente au flambeau, et une épingle noire sur l'autre qu'il lui dérobe. Si je tourne le globe, cette partie où est l'épingle noire, et qui est maintenant dans l'obscurité, va s'éclairer; et celle où est l'épingle blanche, et qui est maintenant éclairée, va se cacher dans l'obscurité. C'est une image fidèle de ce qui arrive à la terre chaque jour et chaque nuit. Chaque pays, à mesure qu'il se tourne vers le soleil, reçoit la lumière de ses rayons, et, à mesure qu'il s'en détourne, rentre dans l'obscurité des ténèbres. Par ce moyen, toutes les parties de la terre ont, l'une après l'autre, la chaleur du jour pour les échauffer et mûrir leurs productions, et les douces rosées de la nuit pour humecter le sol brûlant et l'air embrasé, rafraîchir les plantes, les animaux et les hommes. Les parties de la terre qui sont représentées autour de ces deux points, où la branche de fer qui traverse le globe en sort des deux côtés, sont appelées les pôles du Sud et du Nord. Ce sont des places très-froides, attendu que le soleil ne s'y laisse pas voir pendant plusieurs mois; mais en revanche, après cette longue nuit, on est plusieurs mois sans le perdre de vue; en sorte que l'année se partage, pour les habitans de ces lieux, en un seul jour de six mois et une seule nuit de la même durée. On vous en fera sentir la raison lorsque vous apprendrez à connaître en détail les usages du globe. Vous plaignez les pauvres gens qui vivent dans ces contrées: en effet, le séjour du pays que nous habitons me paraît infiniment préférable. Je vous dirai seulement, afin d'adoucir les regrets que leur sort vous inspire, que l'absence du soleil n'est pas un si grand malheur pour eux qu'il le serait pour nous, s'il venait tout-à-coup à nous priver pendant six mois, de ses bienfaits. Les productions de ces contrées sont diférentes de celles de notre pays, et sont formées par la nature de manière à croître sous ce climat. Les habitans sont peut-être aussi heureux que nous avec des plaisirs différens. Ils travaillent d'un grand courage pendant leur été, à dessein de ramasser des provisions pour leur hiver,; et alors ils dansent et chantent à la lueur de leurs torches, comme nos gens de la campagne aux doux rayons du soleil.

Je crois lire sur votre physionomie, Henri, que vous n'êtes pas bien pleinement satisfait de ma démonstration. Voyons, je serais bien aise de savoir ce qui vous embarrasse. Oh! je m'en doutais. Vous pensez que, si la terre tourne ainsi sur elle-même, les gens qui sont sous nos pieds, de l'autre côté du globe, doivent s'éloigner d'elle et tomber vers les cieux qui l'enveloppent de toutes parts. Je me réjouis de ce que vous m'avez fait connaître vos doutes, pour me mettre en état de les dissiper. Supposons que ce globe, au lieu d'être de carton, est d'aimant, comme la petite pierre que je vous ai donnée: n'est-il pas vrai que, si vous lui présentez un morceau de fer, soit en haut, soit en bas, il ne manquera pas de l'attirer, et que le globe d'aimant aura beau tourner sur lui-même, le morceau de fer ne s'en détachera plus, soit que la partie à laquelle il tient s'élève, soit qu'elle s'abaisse? Il est vrai, dites-vous; mais c'est parce que l'aimant attire le fer. Eh bien, mon petit ami, vous venez de résoudre vous-même la difficulté. Nous sommes portés vers la terre par une force d'attraction, comme le fer est porté vers l'aimant. Il n'y a pas d'autre en-bas pour le fer que le centre de la boule d'aimant vers lequel il est attiré; comme il n'y a d'autre en-bas pour nous que le centre de la terre qui nous attire. Vous aurez donc beau faire tourner le globe, nous serons toujours sur nos pieds, tant qu'ils seront dirigés vers le centre de la terre, comme ils le sont sur chaque point de sa surface. Posez une aiguille sur votre aimant, et faites-le tourner en suite entre vos doigts. Voilà l'aiguille au-dessous; cependant elle ne tombe point. Essayez de l'en séparer, elle résiste. Vous en êtes pourtant venu à bout. Rendez-lui maintenant sa liberté; elle retourne à l'aimant, et, quoique de bas en haut, retombe vers lui. Il en serait de même dans cette partie du globe que vous appelez au-dessous. Si je vous séparais de la terre, et que je vous abandonnasse à vous-même vous y retomberiez comme ici. L'aiguille n'a pas de vie, et par conséquent ne peut se mouvoir autour de l'aimant; ainsi une pierre inanimée ne se meut pas d'elle-même sur la terre. L'homme et les animaux qui sont vivans, peuvent au contraire se mouvoir sur le globe, malgré la force qui les porte vers son centre, parce qu'étant également éloignés de ce point, une partie de la surface ne les attire pas plus que l'autre. Lorsque je monte à cheval, je ne laisse pas que d'être toujours attiré vers la terre; mais je n'y tombe point, parce que le corps du cheval, en me soutenant, m'en sépare, et qu'il m'est impossible de tomber à travers un cheval; mais, si un des ses soubresauts me fait perdre la selle, je tombe à terre immédiatement.

Vous vous étonnez de ce que nous ne sentons pas le mouvement de la terre : je vous dirai d'abord que, quoiqu'elle soit emportée d'un cours tres-rapide, ce mouvement doit nous paraître insensible, parce que, ne trouvant point de résistance, elle ne doit point éprouver de secousse, et qu'il nous est souvent arrivé de ne point sentir le mouvement d'un bateau lorsqu'il suit le fil du courant. D'ailleurs, pensez-vous qu'un ciron, posé sur une boule aussi grosse que le Louvre, qui tournerait sans cahotement sur elle-même, pût sentir cette rotation ! Je ne le crois pas. Comme rien ne changerait autour de lui, et que tous les objets à la portée de sa vue resteraient à la même place sur la boule, il devrait naturellement la juger immobile. Nous devons, par la même raison, ne pas nous apercevoir du mouvement de notre globe, tout ce qui nous environne sur sa surface étant emporté de la même vitesse que nous-mêmes.

LA LUNE.

En vous faisant tourner vos pensées vers les cieux, je ne dois pas oublier de vous parler de la lune, compagne fidèle de la terre, qui tourne autour d'elle, en la suivant dans sa course autour du soleil, et l'éclaire en l'absence du jour. Elle n'est pas un globe de feu comme le soleil; mais elle reçoit de lui toute la lumière qu'elle envoie vers nous. On suppose qu'elle est à peu près de la même nature que la terre sur laquelle nous vivons, mais cinquante fois plus petite. Ses habitans, s'il est vrai qu'elle soit peuplée, reçoivent comme nous la lumière du soleil, et retirent les mêmes avantages de sa chaleur et de ses rayons vivifians. Si nous étions transportés sur sa surface, la terre, de ce point, nous paraîtrait comme une lune, excepté seulement qu'elle serait beaucoup plus grande, et par conséquent elle nous réfléchirait avec plus d'éclat les rayons qu'elle reçoit du soleil. La terre et la lune ont, l'une et l'autre, trop d'épaisseur pour que le soleil puisse les traverser de sa lumière; il ne peut qu'en faire briller la surface, comme le flambeau fait briller la surface de tous les objets qu'il éclaire, et qui sans lui, se déroberaient à nos regards dans la profondeur des ténèbres.

Prenez ma montre, Henri, et portez-la dans un endroit obscur : on ne la verra point : que le flambeau brille sur elle, vous la verrez aussitôt paraître reluisante, parce qu'elle reçoit sa lumière. Il en est ainsi de la lune. Nous voyons reluire cette partie de sa surface sur laquelle brille le soleil. Tantôt nous la voyons sous la forme d'un petit croissant, et tantôt dans toute la plénitude de sa rondeur. Ce n'est pas que le soleil ne brille toujours sur toute une de ses moitiés à la fois; mais il arrive qu'une partie de cette moitié se dérobe à nos regards. Je puis vous le faire comprendre par le secours du globe, plus aisément que par aucune figure que je pourrais vous tracer.

Supposons que ce flambeau soit le soleil, ce globe la lune, et que votre tête, Henri, soit la terre. Tandis que la terre tourne autour du soleil, la lune tourne autour de la terre, et à peu près dans le même plan. Il est donc clair que tantôt la lune doit se trouver entre le soleil et la terre, et tantôt la terre entre le soleil et la lune. Il est facile de vous représenter ces mouvemens. Plaçons d'abord la lune entre le soleil et la terre, c'est-à-dire, le globe entre le flambeau et vous. Telle est la situation de la lune lorsqu'elle est nouvelle. Toute la moitié du globe éclairée par le flambeau est tournée vers lui; ainsi vous ne pouvez l'apercevoir. Toute la moitié obscure est tournée vers vous; ainsi vous ne pouvez pas la voir davantage. Aussi la lune nouvelle se dérobe-t-elle toujours à nos yeux.

Si je tourne un peu le globe à votre gauche, vous commencez à en apercevoir une petite partie éclairée, sous la forme d'un croissant qui s'agrandit peu à peu, jusqu'à ce que le globe soit parvenu à un quart du cercle que je lui fais décrire autour de vous. Tournez la tête sur votre épaule gauche, vous voyez déjà la moitié de sa moitié qui est éclairée; voilà le premier quartier.

Ce quartier s'agrandit par degrés à son tour, jusqu'à ce que le globe soit parvenu derrière vous. Tournez le dos au flambeau, vous voyez toute la moitié du globe éclairée, parce que toute cette moitié est tournée vers vous en même temps qu'elle regarde le flambeau; c'est ce qu'on appelle pleine lune.

Tandis que le globe continue son cercle, sa moitié éclairée décroît peu à peu à vos yeux de la même manière qu'elle s'est agrandie; ce qui produit ce qu'on nomme le décours de la lune. Vous voyez encore le globe se présenter aux trois quarts de sa moitié éclairée, puis à la moitié de cette moitié; voilà le dernier quartier.

Vous voyez ce quartier ne former bientôt qu'un croissant, et enfin se dérober à nos regards, lorsque le globe redevient nouvelle lune, c'est-à-dire dès qu'il revient au point d'où il est parti quand je lui ai fait commencer à décrire son cercle autour de vous; c'est-à-dire entre le flambeau et votre tête.

La lune emploie vingt-sept jours sept heures quarante-trois minutes à tourner autour de la terre, et un pareil espace de temps à tourner sur elle-même. C'est pour cela qu'elle présente toujours la même face à la terre. On vous en fera sentir un jour la raison.

LES ÉCLIPSES.

Les éclipses de soleil et de lune, que j'ai toujours pris soin de vous faire observer, sont occasionées par cette révolution de la lune autour de la terre.

Le soleil est éclipsé à nos yeux lorsque la lune se trouve exactement entre lui et la terre. Parce que je viens de vous démontrer, vous comprenez aisément que les éclipses de soleil ne peuvent arriver que dans la nouvelle lune, parce que c'est le seul temps où la lune soit entre le soleil et la terre.

La lune est éclipsée à nos yeux lorsque la terre se trouve entre elle et le soleil ; et vous sentez également que les éclipses de lune ne peuvent arriver que lorsqu'elle est à son plein, parce que c'est le seul temps où la terre se trouve entre le soleil et la lune.

Chaque nouvelle lune amenerait une éclipse de soleil, et chaque pleine lune une éclipse de lune, si le soleil, la lune et la terre, ou le soleil, la terre et la lune se trouvaient toujours alors exactement dans la même ligne ; mais comme la lune se trouve tantôt au-dessus, tantôt au-dessous de cette direction, les éclipses ne peuvent arriver à chaque lune pleine ou nouvelle.

Supposons encore que le flambeau, le globe, et votre tête, Henri, représentent les mêmes objets que tout à l'heure ; je puis aisément vous faire une éclipse de soleil en plaçant le globe qui est la lune, entre le flambeau qui est le soleil, et votre tête qui est la terre, puisque vous vous trouvez alors tous les trois dans la même ligne, et que le globe vous cache le flambeau. Mais si j'élève un peu le globe au-dessus de cette direction, il se trouvera bien entre le flambeau et vous, mais il ne pourra vous le cacher, puisque vous cessez d'être tous les trois dans la même ligne, et que l'ombre du globe passe au-dessus de votre tête.

Je puis de même vous faire une éclipes de lune en

plaçant votre tête qui est la terre, entre le flambeau qui est le soleil, et le globe qui est la lune, puisque vous vous trouvez alors tous les trois dans la même ligne, et que votre tête cache au globe le flambeau. Mais si je vous faisais un peu baisser la tête au-dessous de cette direction, votre tête se trouverait bien entre le flambeau et le globe, mais elle ne pourrait cacher au globe le flambeau, puisque vous cessez d'être tous les trois dans la même ligne, et que l'ombre de votre tête, qui se répandait tout à l'heure sur le globe, passe maintenant au-dessous.

Je n'ai pu vous donner ici qu'une image imparfaite et grossière, soit de la révolution de la terre autour du soleil et de celle de la lune autour de la terre, soit des éclipses qui en résultent, parce qu'il aurait fallu prendre les choses de plus loin. Dans nos entretiens suivans, vous y trouverez des détails plus exactes et plus étendus sur ces phénomènes, et vous en sentirez en même temps les causes et les effets. C'est là que vous apprendrez comment tout se combine et s'accorde dans la marche invariable des corps célestes ; comment l'homme a su démêler toute la complication de leurs mouvemens, et les calculer avec précision, par quel mélange de conjectures ingénieuses, d'analogies sensibles et d'observations sûres, il a su tracer leurs cours, mesurer leurs distances, et déterminer jusqu'à leurs influences mutuelles dans leur immense éloignement. Dans quelque temps je vous ferai lire un petit ouvrage que je vous prépare sur le *Système du monde.*

LES PLANÈTES.

La terre n'est pas le seul corps qui fasse une révolution autour du soleil pour en recevoir la lumière. Il en est d'autres qu'on nomme planètes, comme elle, c'est-à-dire astres errans, parce que, malgré la régularité de leurs mouvemens, ils changent continuellement de place, soit entre eux, soit par rapport aux étoiles fixes, dans la course qu'ils font autour du soleil, placé au milieu des orbites qu'ils parcourent les uns au-dessus des autres.

On compte sept planètes principales, dont voici l'ordre : Mercure, Vénus, la Terre, Mars, Jupiter, Saturne, et la planète d'Herschell, découverte, il y a peu d'années, par un astronome dont on lui a donné le nom. Nous allons les parcourir successivement.

MERCURE.

Mercure, la planète la plus voisine du soleil, est la plus petite de toutes, et celle dont la révolution se fait en moins de temps. Elle n'y emploie que quatre-vingt-huit jours.

Elle est quinze fois moins grosse que la terre, et sa moyenne distance en est de trente-quatre millions trois cents cinquante-sept mille quatre cent quatre-vingts lieues. On n'a pu découvrir encore si Mercure tourne sur lui-même tandis qu'il tourne autour du soleil. Quoiqu'il brille plus que les autres planètes, il est plus difficile de le voir, parce que sa trop grande proximité de l'astre de la lumière fait qu'il est presque toujours perdu dans l'éclat de ses rayons. On ne le voit que comme un point obscur sur la face du soleil.

VÉNUS.

Vénus, que nous appelons tour-à-tour, par excellence l'étoile du matin et du soir, se voit un peu avant le lever du soleil, ou un peu après son coucher. Sa juste proximité de l'astre du jour et les inégalités de sa surface, propres à réfléchir de tous côtés la lumière qu'elle en reçoit, la font scintiller comme les étoiles. Elle est plus petite d'un neuvième que la terre; et sa distance moyenne en est, comme celle de Mercure, de trente-quatre millions trois cent cinquante-sept mille quatre cent quatre-vingts lieues. Le temps de sa rotation sur elle-même est de vingt-trois heures vingt minutes, et celui de sa révolution autour du soleil de deux cent vingt-quatre jours quinze heures. Avec une lunette de seize pieds on la voit trois fois plus grande que la lune dans son plein, à la simple vue. Vous apprendrez un jour, avec autant de plaisir que de surprise, de quelle utilité pour nous est l'observation de son cours.

LA TERRE.

Je vous ai déjà parlé de la révolution que la terre fait autour du soleil ; il me suffira d'ajouter qu'elle y emploie trois cent soixante-cinq jours cinq heures quarante-neuf minutes, tandis qu'elle emploie vingt-quatre heures à tourner sur elle-même, c'est-à-dire à présenter successivement au soleil les différentes parties de sa surface. On estime sa distance moyenne du soleil trente-quatre millions trois cent cinquante-sept mille quatre cent quatre-vingts lieues, et sa distance moyenne de la lune quatre-vingt-six mille trois cent vingt-quatre lieues (1).

Quant à sa mesure, on compte qu'elle a deux mille huit cent soixante-cinq lieues de diamètre, c'est-à-dire d'un point de sa surface à une autre, en passant par le centre, et neuf mille lieues de circonférence ou de tour.

Pour ce qui regarde sa figure et les mesures que l'on a prises pour la déterminer, ainsi que sa distance des corps célestes, la viscissitude des saisons qu'elle éprouve, l'inégalité de ses jours et de ses nuits, etc., tout cela, dis-je, vous sera expliqué avec le plus grand détail dans le *Système du monde;* et l'on tâchera de vous les présenter de la manière la plus propre à vous intéresser, soit par la clarté, la précision et la méthode, soit par le choix des ima-

---

(1) Il est néccessaire de prévenir que les lieues dont on parle dans toute le suite de cet entretien sont de 2283 toises, ou de 25 au degré.

ges et des comparaisons empruntées des objets les plus sensibles, et qui vous sont les plus familiers.

MARS.

Mars est beaucoup moins gros que la terre, puisqu'il n'a que les trois cinquièmes de son diamètre. Il parcourt son orbite autour du soleil en une année trois cent vingt-un jours vingt-trois heures et demie, et tourne sur lui-même en vingt-quatre heures quarante minutes. Sa distance moyenne de la terre est de cent cinquante-deux millions trois cent cinquante mille deux cent quarante lieues. Il est un point de son orbite où ils se trouve de soixante-huit millions de lieues plus près de nous que dans le point opposé; aussi paraît-il alors presque sept fois plus gros que dans son plus grand éloignement. On y découvre quelquefois des bandes, les unes obscures, qui absorbent les rayons du soleil, les autres claires, mais qui nous renvoient une lumière rougeâtre. Dans sa plus grande et sa plus petite distance de la terre, il nous présente une de ces moitiés éclairée tout entière par le soleil; mais dans ses quartiers, on le voit s'agrandir et décroître comme Vénus, toutefois sans paraître jamais, comme elle, sous la forme d'un croissant; ce qui sera facile à vous expliquer.

JUPITER.

Jupiter, la plus considérable des planètes, est treize cents fois environ plus gros que la terre. Il tourne sur lui-même en neuf heures cinquante-six minutes, et emploie onze ans et trois cent quinze jours huit heures à faire sa révolution autour du soleil. Sa distance moyenne de la terre est de cent soixante-dix-huit millions six cent quatre-vingt-douze mille cinq cent cinquante lieues. Il est accompagné de quatre lunes, qu'on appelle satellites, qui font leur révolution autour de lui comme la lune autour de la terre. Ces satellites sont sujets entre eux, et de la part de leur planète, à plusieurs éclipses qui ont été du plus grand secours pour avancer les progrès de l'astronomie, et pour déterminer la nature du mouvement de la lumière et les degrés de sa vitesse, ainsi que vous le verrez un jour avec d'autres particularités fort curieuses concernant cette planète.

SATURNE.

Saturne, jusqu'à la découverte de la planète d'Herschell, a passé pour la planète la plus éloignée de nous ainsi que du soleil. Sa révolution autour de lui est de vingt-neuf années et cent soixante-dix-sept jours. Il est environ mille fois plus gros que la terre, et sa distance moyenne en est de trois cent vingt-sept millions sept cent quarante-huit mille sept cent vingt lieues. On n'a pu encore découvrir de lui, non plus que de Mercure, s'il a un mouvement de rotation sur lui-même; il a, comme Jupiter, des satellites qui l'accompagnent, au nombre de cinq, que l'on a découverts successivement. Outre ses satellites, Saturne est environné d'un anneau qui lui forme une large ceinture; mais sans le toucher en aucun point, puisqu'à travers l'intervalle qui les sépare on peut apercevoir des étoiles fixes. Cet anneau, suivant les différentes positions qu'il prend autour de Saturne, le fait paraître à nos yeux sous divers aspects singuliers dont on aura soin de vous donner la peinture et l'explication.

LA PLANÈTE D'HERSCHELL.

Cette planète vient de faire perdre à Saturne le poste qu'on lui supposait aux dernières limites du monde planétaire. C'est elle qui renferme à présent toutes les autres planètes, et Saturne lui-même, dans son immense orbite. C'est le 13 et le 17 mars 1781 que M. Herschell l'a observée à Bath, ville d'Angleterre. Confondue parmi les étoiles fixes, il ne l'a reconnue que par son mouvement, qui est d'une extrême lenteur. Sur ce qu'on en a pu observer dans une très-petite partie de son cours, on la suppose deux fois plus éloignée du soleil que Saturne, et sa révolution autour de lui de près de quatre-vingt-dix ans. La ressemblance de sa lumière avec celle des plus petites étoiles avait fait méconnaître son véritable caractère; et nous ne la devons qu'aux observations infatigables de M. Herschell, et à la bonté de ses instrumens, qu'il fabrique lui-même avec une constance et un génie qui lui ont valu un nom dans les cieux.

La découverte de cette planète jettera sans doute un nouveau jour sur notre système, en reculant ses bornes si avant dans la profondeur de l'espace.

LES COMÈTES.

Au-delà des planètes dont nous venons de parler roulent encore d'autres grands corps, dépendans comme elles de l'empire du soleil, qui viennent se montrer à nos yeux et y demeurent souvent exposés quelques mois, puis ensuite se dérobent à notre vue, la plupart pour des siècles, à cause de l'éloignement immense où ils se perdent dans une partie de leurs cours. Ces corps errans, à peu près de la grosseur de notre globe, sont appelés comètes.

Suivant les meilleures observations qu'on ait faites jusqu'à présent, le mouvement des comètes semble être sujet aux mêmes lois par lesquelles les planètes sont gouvernées. Les orbites que les unes et les autres décrivent autour du soleil sont des ovales ou ellipses, avec cette différence toutefois que l'ovale de l'orbite des planètes se rapproche beaucoup d'un cercle parfait, au lieu que celui de l'orbite des comètes est si excessivement allongé qu'elles paraissent se mouvoir presqu'en ligne droite, et tendre directement vers le soleil.

Il suit de là que lorsqu'elles sont le plus près de cet astre, soumises à la plus grande force de son attraction, et par là même, acquérant plus de vitesse pour s'en éloigner, comme on vous l'expliquera dans la suite; il suit de là, dis-je, que leur cours doit être alors infiniment plus accéléré que lorsqu'elles en sont à leur plus grande distance. C'est la raison pour laquelle les comètes font un séjour de si courte durée parmi nous, et que, lorsqu'elles s'en éloignent, elles sont si long-temps à reparaître. Une autre différence qui les distingue des planètes, c'est que celles-ci ont toutes un mouvement commun qui les emporte d'occident en orient, et que les comètes, au contraire, n'ont point de direction uniforme, les unes allant d'orient en occident, les autres vers le nord ou vers le midi.. Celle qui parut en 1707 allait presque directement du midi au nord, d'un pôle à l'autre; mais sur la fin elle paraissait retourner du nord au midi, et de là tendre, par une route oblique, de l'occident vers l'orient.

Les comètes se distinguent enfin des planètes par une longue traînée de lumière qui les accompagne, toujours étendue dans une direction opposée au soleil, et qui semble prendre la forme d'une queue, d'une barbe ou d'une chevelure, suivant les différentes positions où la comète se trouve autour de lui et par rapport à nous. Comme, à mesure qu'elle en approche ou qu'elle s'en éloigne, on voit cette traînée de lumière s'accroître ou diminuer, l'opinion la plus générale est qu'elle est formée par des vapeurs très-subtiles que la chaleur du soleil fait exhaler du corps de la comète. Celle de 1680 n'étant éloignée du soleil que d'environ deux cent mille lieues, sa queue fut la plus longue qu'on ait encore observée. Newton a démontré que cette comète dut éprouver un degré de chaleur deux mille fois plus grand que celui d'un fer rouge, et vingt-huit mille fois plus grand que celui de nos jours brûlans d'été à l'heure du midi.

Ces vapeurs, si subtiles que, dans leur transparence, elles laissent entrevoir les étoiles fixes, ne suivent point les comètes dans le reste de leur cours; mais à mesure qu'elles se répandent dans les régions célestes, elles sont, suivant Newton, attirées par les planètes, et servent à nourrir leur atmosphère. Les comètes, à leur tour, soumises dans chaque nouvelle révolution à une attraction plus puissante de la part du soleil, se rapprochent de plus en plus de son atmosphère, et finissent par y être englouties pour réparer les pertes qu'il fait par l'émission de sa lumière.

Les anciens ne voyant dans les comètes que des vapeurs et des exhalaisons élevées jusqu'à la région supérieure de l'atmosphère terrestre, et enflammées par l'action des vents, ne songeaient guère à faire des recherches suivies sur leurs périodes. Ainsi n'en avons-nous pu recueillir que des notions très-imparfaites. En moins d'un siècle et demi, les astronomes modernes ont fait sur les comètes plus d'observations que n'en avait pu fournir toute l'antiquité. La science sur cet objet est cependant encore toute nouvelle. Le retour de la comète de 1682 en 1759, suivant les prédictions de Halley et de Cassini, et les savans calculs de MM. Clairaut et de Lalande, a bien fait connaître que sa révolution autour du soleil était de soixante-quinze ans et demi, à quelques inégalités près, occasionées par l'action que Jupiter et Saturne exercent sur elle, puisqu'elle avait déjà été observée en 1607, 1532, 1456. On a aussi des observations exactes sur plus de soixante comètes ; mais s'il est vrai, comme le conjecture M. de Lalande, qu'il y en ait plus de trois cents dans notre système solaire, combien de temps ne faut-il pas encore pour que l'on ait été à portée d'en terminer le nombre, d'en calculer la masse, la distance et l'orbite, d'en démêler le mouvement et les nœuds, et d'établir la durée invariable de leurs révolutions? Celle de 1680, que M. Jacques Bernouilli avait cru devoir reparaître en 1719, a trompé les calculs de cet habile géomètre. Peut-être en faudra-t-il revenir à l'opinion de M. Halley, qui lui donne une période de cinq cent soixante-quinze ans, et la fait remonter par une suite de révolutions régulières, dont les quatre dernières sont déjà connues, jusqu'à l'année précise du déluge universel. C'est dans l'année 2255 que l'on pourra s'assurer si tel est en effet le temps de sa période.

D'après les observations faites sur sa forme, sa grandeur et sa route, par tous les savans de l'Europe, à son dernier passage, il ne sera pas difficile de la distinguer de toute autre, s'il en paraissait dans la même année, surtout si les observations diverses que l'on aura occasion de faire dans l'intervalle ont fait prendre à l'astronomie, sur la théorie des comètes, le degré d'avancement que l'on doit naturellement espérer.

La comète de 1680, dans un point de son passage, s'approcha de si près d'une partie de l'orbite de la terre, que si la terre se fût trouvée alors dans cette partie, sa distance de la comète n'eût pas été plus grande que la distance où elle est de la lune, et qu'elle aurait vraisemblablement souffert de ce voisinage. Celle de 1769, arrivée un mois plus tard, aurait produit un bouleversement terrible dans les eaux de la mer. Huit autres comètes passent dans leurs orbites assez près de notre globe pour lui faire craindre le même sort. Quelle idée ne devons-nous pas prendre, à cet aspect, de la sagesse qui règne dans l'ordre sublime de l'univers ? Le moindre dérangement produit dans la combinaison des attractions mutuelles du soleil et des corps dont il est le centre, un seul de ces corps, arrêté pour un instant dans son cours, suffirait pour replonger tout notre monde dans le chaos, et entraîner peut-être la ruine des mondes innombrables qui nous environnent. Cependant cet équilibre admirable se soutient depuis des miliers d'années, et chaque instant de sa durée semble ajouter à sa solidité, en nous montrant une Providence éternelle qui veille sans cesse à l'entretenir. Cherchons à lire sur le front des étoiles des caractères bien plus frappans encore de sa magnificence et de sa grandeur.

LES ÉTOILES FIXES.

Les étoiles fixes sont ces astres étincelans et lumineux qui, dans la sérénité d'une belle nuit, nous paraissent répandus de tous côtés dans les régions sans bornes de l'espace céleste. On les appelle fixes, parce qu'on a remarqué qu'elles gardaient toujours entre elles la même distance, depuis l'origine des siècles, sans avoir aucun des mouvemens observés dans les planètes. Elles doivent être placées à un éloignement bien prodigieux, puisque non-seulement Saturne, dont la distance de la terre est de près de trois cent vingt-huit millions de lieues, les éclipse, mais encore que le télescope, qui grossit deux cents fois le disque apparent de Saturne, en produisant le même effet sur les étoiles, ne nous les représente cependant que comme un point presque insensible, parce qu'il les dépouille en même temps de ce rayonnement et de cette scintillation sans lesquels elles seraient invisibles à nos regards; en sorte que l'on soupçonne la distance de Sirius, la plus brillante des étoiles fixes, et à qui l'on donne un diamètre de trente-trois millions de lieues, capable, s'il était entre la terre et le soleil, de remplir l'intervalle qui les sépare, et de les toucher presque l'un et l'autre par ses points opposés, d'être quatre cent mille fois plus grande que celle de la terre au soleil (1).

Une autre preuve de l'éloignement incompréhensible des étoiles fixes, c'est que, quoiqu'en un temps de l'année, la terre, dans un point de son orbite, soit d'environ soixante-six millions de lieues plus près de certaines étoiles fixes que dans le point opposé ; cependant, malgré ce rapprochement considérable, la grandeur ou la position de ces étoiles n'en est pas variée ; de manière que cet immense orbite n'est qu'un point dans la mesure de la distance, et que nous pouvons toujours nous supposer dans le même centre des cieux, puisque nous avons toujours le même aspect sensible des étoiles, sans aucune altération.

Si un homme pouvait se placer aussi près de quel-

---

(1) Telle est aussi l'opinion de M. Euler. Quelque prodigieuse, dit-il, que nous paraisse la distance du soleil, dont les rayons nous parviennent cependant en huit minutes, l'étoile fixe la plus près de nous en est pourtant plus de quatre cent mille fois plus éloignée que le soleil. Un rayon de lumière qui part de cette étoile emploiera donc un temps de quatre cent mille fois huit minutes à parvenir jusqu'à nous ; ce qui fait cinquante-trois mille trois cent trente-trois heures, ou deux mille deux cent vingt-deux jours, à peu près six ans. Il y a donc six ans que les rayons de l'étoile fixe, même de la plus brillante, et probablement la plus proche, qui entre dans nos yeux pour y représenter cette étoile, en sont partis, et ont employé un temps si long pour parvenir jusqu'à nous.

que étoile fixe que nous le sommes du soleil, il verrait sans doute cette étoile de la même grandeur, et sous la même forme que le soleil paraît à nos yeux; et le soleil, à son tour, ne lui paraîtrait pas plus grand que nous ne voyons actuellement cette étoile; et en comptant de là les étoiles fixes les plus reculées, il ferait entrer notre soleil dans leur nombre, sans être désormais capable de le distinguer.

Il est évident par là que toutes les étoiles fixes sont autant de soleils qui brillent par leur lumière propre et naturelle. Des corps qui ne feraient que nous réfléchir une lumière empruntée n'auraient, à une distance si prodigieuse, ni scintillation ni rayonnement, puisque la lune, qui n'est éloignée de nous que d'environ quatre-vingt-six mille lieues, n'en a point; et il nous serait impossible de les apercevoir, puisque les satellites de Jupiter et de Saturne sont invisibles à la simple vue.

Nous n'avons aucune raison de supposer, dit le célèbre d'Alembert, que les étoiles soient dans une même surface sphérique du ciel; car sans cela elles seraient toutes à la même distance du soleil et différemment distantes entre elles, comme elle nous le paraissent. Or, pourquoi cette régularité d'une part, et cette irrégularité de l'autre? Il me paraît en effet plus raisonnable de penser qu'elles sont répandues de toutes parts dans l'espace illimité du grand univers, et qu'il peut y avoir un aussi grand intervalle entre elles dans la profondeur reculée des cieux, qu'entre notre soleil et une étoile fixe. Si elles nous paraissent de différentes grandeurs, ce n'est peut-être pas qu'elles soient ainsi réellement; c'est qu'elles sont à des distances inégales de nous : celles qui sont plus proches surpassent en éclat et en grandeur apparente celles qui sont plus éloignées, dont la lumière par conséquent doit être moins vive; et qui doivent paraître plus petites à nos regards.

Les astronomes distribuent les étoiles en différentes classes. Celles qui nous paraissent les plus grandes et les plus brillantes sont appelées étoiles de la première grandeur. Celles qui en approchent le plus pour l'éclat et la masse sont appelées étoiles de la seconde grandeur, et ainsi de suite jusqu'à ce que nous arrivions aux étoiles de la sixième grandeur, qui sont les plus petites qu'on puisse observer à la simple vue.

Il y a un grand nombre d'étoiles qu'on découvre à l'aide du télescope; mais elles ne sont point rangées dans l'ordre des six classes, et on les appelle seulement étoiles télescopiques. On n'y a pas fait entrer non plus celles qui ne sont distinguées qu'avec peine, et qui paraissent sous la forme de petits nuages brillans. On les appelle étoiles nébuleuses. On croit que ce sont des amas de petites étoiles fort éloignées.

Il faut observer que, quoique l'on ait compris dans l'une des six classes toutes les étoiles qui sont visibles à l'œil, il ne s'ensuit pas que toutes les étoiles répondent réellement à l'une ou à l'autre de ces classes. Il peut y avoir autant de classes d'étoiles que d'étoiles même ; peu d'entre elles paraissant être de la même grandeur et du même éclat.

Les anciens astronomes, afin de pouvoir distinguer les étoiles par rapport à leur position respective, ont divisé tout le firmament en constellations ou assemblages d'étoiles, composés de celles qui sont près l'une de l'autre. On les rapporte à la forme de quelques animaux, tels que des lions, des serpens, des ours, ou à l'image de quelques objets familiers, comme une couronne, une harpe, un triangle, et on leur en donne le nom, quoiqu'elles ne représentent nullement ces figures.

Les anciens avaient arrangé ces constellations dans les cieux, soit pour se retracer le cours des travaux de l'agriculture, soit pour conserver le souvenir d'un événement mémorable, soit pour éterniser le nom de leurs héros, soit enfin pour consacrer les fables de leur religion. Les astronomes modernes leur ont continué les mêmes noms et les mêmes formes pour éviter la confusion où l'on tomberait en leur en donnant de nouveaux, lorsqu'il s'agirait de comparer les observations modernes avec les anciennes. Je vous ferai connaître dans un autre temps ces vieilles constellations et celles qu'on leur a ajoutées de nos jours. Elles ne feraient maintenant que surcharger votre mémoire et y jeter de l'embarras.

Quelques-unes des principales étoiles ont des noms particuliers, comme Sirius, Arcturus, Aldébaran, etc. ; il y en a aussi d'autres qu'on n'a pas fait entrer dans les constellations, et qu'on appelle étoiles informes.

Outre les étoiles qu'on aperçoit à la simple vue, il y a un espace très-remarquable dans les cieux connu sous le nom de voie lactée. C'est cette large bande d'une couleur blanchâtre qui paraît se dérouler autour du firmament comme une ceinture : elle est formée d'un nombre infini de petites étoiles trop éloignées de nous pour être vues séparément, mais dont la lumière réunie fait distinguer cette partie des cieux qu'elles traversent.

Les places des étoiles fixes, leur situation relative et leur nombre ont occupé de tout temps les observateurs qui ont dressés des catalogues. Le premier, qui date de cent vingt ans avant Jésus-Christ, est composé de mille vingt-deux étoiles. Ce catalogue a été souvent augmenté et rectifié par d'habiles astronomes, qui ont porté le nombre des étoiles au-delà de trois mille, en y comprenant celles que le télescope, ignoré des anciens, nous a fait connaître, et que l'on désigne sous le nom d'étoiles de la septième grandeur.

Les observateurs les plus attentifs peuvent à peine compter quatorze cents étoiles visibles à l'œil. Cependant on serait tenté, dans une belle nuit, de les croire innombrables au premier aspect. C'est une illusion de notre vue qui naît de leur vive scintillation, et de ce que nous les regardons confusément, sans les réduire en aucun ordre. Lorsqu'on les parcourt d'un regard, l'impression des unes subsiste encore au moment où l'on va chercher les autres, et nous les répète. Un bon télescope rectifie les erreurs de notre vue : c'est alors que le spectacle des astres devient plus riche et plus vrai. On les voit dans une multitude infinie, se répandre de tous côtés dans l'immense étendue des cieux. Telle étoile, qu'on croyait simple et unique, paraît double, et laisse observer entre les deux qui la composent sensiblement, un intervalle que la distance ne permettrait pas à nos yeux de voir sans ce secours. On en a observé soixante-dix-huit dans la constellation des Pléiades, où la vue n'est pas capable d'en distinguer plus de six ou sept. Je n'ose vous dire quel nombre un observateur affirme en avoir vu dans celle d'Orion.

Les changemens qui arrivent dans les corps célestes, quelque insensibles qu'ils soient pour nous à cause de la distance infinie qui nous en sépare, doivent causer dans leurs sphères des révolutions prodigieuses. Chaque siècle semble en amener de nouvelles. Il est des étoiles dont la lumière, après s'être affaiblie par degrés, s'éteint presque absolument pour briller ensuite d'un plus vif éclat ; d'autre qui s'évanouissent pendant quelques mois et reparaissent avec une augmentation ou une diminution sensible de grandeur. Un géomètre et un astronome célèbres (messieurs d'Alembert et de Lalande) ont formé là-dessus des conjonctures très-ingénieuses pour appuyer l'opinion générale des philosophes sur l'existence de quelques planètes autour de ces

INTRODUCTION FAMILIÈRE.

astres, et attribuer ces changemens à leur action. Je vous les ferai connaître un jour, ainsi que l'opinion de M. de Maupertuis à ce sujet.

On voit plus d'étoiles du côté du nord que du midi; mais la partie méridionale a plus d'étoiles distinguées par leur grandeur et par leur éclat; ce qui rétablit l'équilibre des cieux.

Vous avez peut-être observé vous-mêmes que les étoiles paraissent moins grandes et moins nombreuses dans les nuits d'été que dans les nuits d'hiver; c'est que pendant l'hiver le soleil étant enfoncé plus avant sous l'horizon, l'éclat des étoiles est moins affaibli par les reflets de sa lumière, et que l'air épuré par la gelée intercepte moins de leurs rayons, et laisse parvenir jusqu'à notre œil ceux qui nous viennent des astres les plus éloignés.

Les personnes qui pensent que tout ces corps resplendissans n'ont été créés que pour nous donner une tremblante lueur, dérobée souvent à nos yeux par les moindres nuages, doivent concevoir une idée bien peu relevée de la sagesse divine; car nous recevrons plus de lumière de la lune seule que de toutes les étoiles ensemble. Osons nous former une image plus vaste de la divinité. Puisque les planètes sont sujettes aux mêmes lois du mouvement que notre terre, et que quelques-unes non seulement l'égalent, mais la surpassent même de beaucoup en étendue, n'est-il pas raisonnable de penser qu'elles sont toutes des mondes habitables ? D'un autre côté, puisque les étoiles fixes ne le cèdent ni en grandeur ni en éclat à notre soleil, n'est-il pas probable que chacun a un système de terres planétaires qui tournent autour d'elles, comme nous tournons autour de l'astre qui nous donne le jour, et que leur seul éloignement dérobe à nos regards.

Mais n'allons pas d'abord porter si loin notre vue. Laissons aux astronomes le soin de perfectionner leur instrument, et d'agrandir leurs recherches pour trouver de nouveaux mondes dans les cieux : renfermons-nous dans le nôtre, entre ces corps soumis comme nous à l'empire du soleil, et dont l'observation peut être d'une si grande utilité pour les progrès de nos lumières, appliquées au globe même que nous habitons. Les étoiles, à qui les hommes ont dû le premier partage du temps pour les travaux de l'agriculture, et qui ont été durant tant de siècles leurs guides fidèles dans leurs entreprises et leurs voyages, indépendamment des secours multipliés qu'elles nous offrent encore aujourd'hui, mériteraient d'intéresser vivement notre curiosité, par la seule magnificence du spectacle qu'elles nous étalent. Leur nombre, leur position et leur marche, leur destination et leur nature, deviendront aussi, à leur tour, l'objet de nos considérations.

Tels sont les objets dont nous vous entretiendrons dans le *Système du monde*. Nous commencerons d'abord par la terre, soit parce que sa connaissance est la plus importante pour nous, soit parce qu'elle peut nous conduire plus aisément à celle des autres globes qui composent avec elle notre système. Nous

INTRODUCTION FAMILIÈRE.

nous élèverons successivement vers toutes les parties des cieux, pour en redescendre sur notre séjour toutes les fois que son intérêt se trouvera lié par quelque rapport avec leur étude. Ne serez-vous pas charmés de connaître plus particulièrement ces corps glorieux dont l'éclat avait si souvent frappé vos regards et charmé vaguement vos pensées, d'ajouter de si hautes lumières à celles qu'une éducation distinguée vous donne pour élever votre esprit et vos sentimens, et de vous préserver des idées absurdes et superstitieuses où vous plongerait une stupide ignorance? Et quelle autre science serait plus digne de vous occuper? Que sont les troubles et le choc passager des royaumes de la terre, en comparaison de cet accord éternel et sublime qui règne entre les immenses états de la république céleste? Que sont les conquêtes de l'homme sur ce globe de boue, auprès de celles qui l'ont fait entrer en société avec le soleil? Qu'il est beau de voir l'homme atteindre de son génie jusqu'à ces corps reculés que le soleil atteint à peine de sa lumière! Quelle nouveauté dans les objets pour captiver votre imagination! quelle grandeur pour la remplir! et en même temps quelle simplicité de lois dans ces vastes mouvemens, pour se mesurer aux premiers efforts de votre intelligence!

LE SYSTÊME DU MONDE

MIS A LA PORTÉE

DE L'ADOLESCENCE.

Veuve depuis trois ans, madame de Croissy s'était retirée à la campagne dans une petite maison charmante à quelque distance de Paris. Les regrets que lui coûtait chaque jour la perte de son époux n'étaient adoucis que par les soins qu'elle donnait à à l'éducation de sa fille, le seul gagne qu'il lui eût laissé de sa tendresse. Elle avait été mariée fort jeune; et son père, en calculant les trésors qui devaient suivre le don de sa main, avait imaginé que le faste d'une immence fortune, avec quelques talens agréables, pouvaient lui suffire pour paraître avec assez d'éclat dans le monde. Emporté toujours hors de lui-même par le torrent des affaires, étourdi par le tumulte de ses dissipations, il n'avait pas réfléchi que, dans une vie moins agitée, sa fille aurait un plus grand besoin des ressources attachées à la culture de l'esprit et du cœur, et que mieux il réussirait pour elle dans le choix d'un époux, plus ces avantages lui deviendraient nécessaires pour gagner son estime et conserver son attachement. Des considérations si simples se trouvaient au-dessus de sa portée : de tous les soins paternels, les plus utiles étaient ceux dont il s'était le moins occupé.

Elevée par l'hymen à la société d'un homme distingué par des sentimens délicats, une raison éclairée, des connaissances solides et des goûts aimables, madame de Croissy n'avait pas tardé long-temps à sentir des regrets de cette négligence. En cherchant à la réparer pour elle-même, elle résolut surtout de l'éviter pour sa fille. Les amusemens de la ville ne l'avaient jamais entièrement détournée de ce projet. La solitude où l'avait conduite la douleur de son veuvage lui donnait alors tout le loisir de l'exécuter. Elle avait déjà profité des premières années de l'enfance d'Émilie pour apprendre elle-même tout ce qu'elle voulait lui faire apprendre un jour. Son application, l'étendue de sa mémoire, la justesse et la pénétration de son esprit, avaient si bien servi les vues de sa tendresse, qu'elle était enfin parvenue à posséder parfaitement l'histoire ancienne et moderne, la géographie universelle, les élémens de géométrie, avec quelques notions générales sur l'histoire naturelle et sur la physique. Afin de se mettre en état d'être le seul instituteur de sa fille, elle s'était formée d'abord toute seule, sans autre secours que les bons livres élémentaires dans ses divers genres de connaissances. En cherchant ainsi pour elle-même la méthode la plus agréable et la plus sûre, elle étudiait d'avance celle qui conviendrait le mieux au caractère d'esprit d'Émilie, dont la finesse et la vivacité annonçaient, dès ses premières années, les plus heureuses dispositions. Elles ne s'étaient point démenties dans la suite. Émilie, à peine âgée de treize ans, commençait déjà par sa reconnaissance et par ses progrès, à récompenser sa mère des peines qu'elle se donnait pour l'instruire. Leurs jours s'écoulaient dans les plaisirs les plus purs et dans les jouissances mutuelles les plus délicieuses. Une société choisie des environs, les visites qu'elles recevaient quelquefois de leurs amis de la ville, étaient les seules distractions qui les détournaient de leurs études ; la variété qu'elles s'avaient y répandre, la culture des fleurs et le ménage d'une volière, en étaient les délassemens.

Soit pour éloigner du cœur de sa fille tout sentiment de vanité, soit pour écarter de sa maison des visites importunes, madame de Croissy avait eu soin de cacher sa richesse, et prenait pour prétexte de sa retraite à la campagne la nécessité d'y rétablir ses affaires par une rigoureuse économie. En s'épargnant les détails fatigans et les vaines dépenses d'une grande maison, elle avait plus de temps pour en donner à ses travaux, et plus de moyens de satisfaire à sa bienfaisance par les secours généreux qu'elle répandait en secret autour d'elle. Le calme d'une vie si douce ; la joie de voir sa fille répondre à ses espérances ; une santé forte, acquise par l'exercice, la modération et la sobriété, avaient donné à son caractère une sérénité inaltérable, et à son esprit une enjouement, qui faisaient trouver à la vive Émilie l'intérêt le plus piquant dans sa société. La sensibilité naissante de ce jeune cœur était toute concentrée sur sa maman et sur son père, dont madame de Croissy avait soin d'entretenir la mémoire par des regrets touchans, et par l'éloge des vertus qu'il avait possédées. Émilie élevée dans la candeur et la liberté de l'innocence, n'ayant à cacher à sa tendre amie aucun de ses mouvemens, avait conservé cette fleur précieuse de naïveté qui rend la raison si aimable. Comme toutes ses réflexions s'étaient formées dans le cours de ses entretiens avec sa mère, elles avaient pris une tournure vive et animée, telle que la produit la chaleur de la conversation; et ses pensées se développaient avec autant de clarté que de saillie, d'agrément et de justesse.

L'ami de l'enfance de madame de Croissy était M. de Gerseuil, son frère, qui vivait à Paris, occupé des devoirs d'un poste honorable, et de l'étude des sciences naturelles qu'il cultivait avec succès. Deux filles, livrées encore aux premiers soins de leur mère, et le jeune Cyprien, âgé de douze ans, composaient toute sa famille. Au milieu de la corruption de la capitale, sa maison était l'asile des mœurs. Son fils ne s'était jamais éloigné de sa présence. Né avec une imagination vive, un esprit ardent et courageux; de la franchise, de l'élévation et de la fermeté dans les sentimens. Cyprien avait une âme douce, et tout à la fois susceptible des mouvemens les plus impétueux. Il aimait déjà vivement la gloire et les grandes choses. Au récit d'un trait de bravoure ou de générosité l'on voyait s'enfler sa poitrine, et la flamme étinceler dans ses regards. En concevant de hautes espérances de ce caractère, M. de Gerseuil ne se déguisait pas les inquiétudes qu'il pouvait lui causer. Cependant l'amitié tendre que son fils avait prise pour lui modérait ses craintes. Il s'était acoutumé de bonne heure à le gouverner avec des caresses. Une froideur aurait désolé son âme ; un seul reproche eût fait son supplice.

Sur une invitation fort pressante qu'ils avaient reçue l'un et l'autre d'Émilie, pour se trouver à une fête qu'elle devait donner à sa maman la veille du jour de sa naissance, ils s'étaient rendus mystérieusement à la maison de madame de Croissy. La surprise de leur arrivée ajoutait à celle du bouquet. Émilie le parait de ses grâces, Cyprien l'animait de sa gaîté. Madame de Croissy versait des larmes de joie des attentions délicates de ces aimables enfans. Elle fut bien plus heureuse encore le lendemain, lorsque dans une promenade écartée avec son frère ils purent s'entretenir en liberté de leurs projets et de leurs espérances. Le dîner qui les réunit avec leur jeune famille fut une nouvelle scène de nouveaux plaisirs. Après une séparation assez longue, se retrouver ensemble dans un beau jour, dans une contrée charmante, avec des objets d'un si grand intérêt l'un pour l'autre ! les tendresses du sang et de l'amitié, les émotions paternelles, les transports confondus de tous les sentimens les plus doux de la nature ! vous n'auriez encore qu'une bien faible idée de leur félicité, si vous pensiez que ces traits fussent capables de vous la peindre.

PREMIER ENTRETIEN.

La fraîcheur de la soirée les ayant invités à sortir, ils allèrent se promener tous ensemble sur la terrasse. Le soleil était près de se coucher ; il touchait au bord de l'horizon. Tout-à-coup madame de Croissy, s'interrompant dans son entretien, alla s'asseoir sur le bout d'un banc de pierre placé à l'ouverture de la grande allée du bosquet. M. de Gerseuil crut qu'il prenait quelque faiblesse à sa sœur, et s'empressa de la suivre, ému d'inquiétude, en la questionnant sur son état. Ce n'est rien, lui répondit-elle avec un sourire, mais sans détourner ses regards fixés vers le couchant ; je vais satisfaire dans un moment votre surprise et votre curiosité : laissez d'abord disparaître le soleil.

M. de Gerseuil et les enfans se regardaient en silence, et n'osaient l'interrompre. Bientôt le soleil disparut. Madame de Croissy se levant alors d'un air gai : Je suis contente, leur dit-elle, tout marche bien dans l'univers. Ces paroles, et la manière brusque dont je vous ait quittés tout à l'heure, doivent vous étonner : il faut vous en donner l'explication. C'est aujourd'hui, comme vous le savez, mon jour de naissance. Il me semble qu'en ce jour tout prend un nouvel intérêt à mes yeux dans la nature. J'observe avec plus d'attention ce qui se passe autour de moi. Je trouve partout des sujets de réflexion qui m'occupent. Ce matin, en me promenant dans mon verger, je cherchais à saisir les changemens qui pouvaient s'être opérés dans mes arbres depuis l'année dernière. Je voyais que les uns commençaient à perdre de leur jeunesse, et les autres à en prendre la taille et la vigueur. Les premiers me donnaient une leçon affligeante ; mais les autres me consolaient. Ils me présentaient sous une riante image, la douceur de me voir rajeunir dans ma fille.

Emilie baisa la main de sa mère, et laissa échapper un soupir.

Voilà une remarque, dit M. de Gerseuil, qui me plaît autant par son courage et sa philosophie, que le sentiment qui lui est attaché me touche par sa tendresse. Mais quoi ! vos observations vont-elles jusqu'à l'astre de la lumière ? Etiez-vous inquiète de savoir s'il avait perdu de sa force ou de son éclat ?

Mme DE CROISSY.

Non, mon frère, mes pensées ne s'étendent pas si loin. L'année dernière, le même jour qu'aujourd'hui, j'étais assise sur ce banc toute seule, et plongée dans une douce rêverie. Je voyais le soleil se coucher ; j'observai que c'était derrière cet ormeau qu'il se dérobait à ma vue : ce souvenir m'est revenu tout-à-coup, j'ai voulu voir si cette année, à pareil jour, il se coucherait dans la même direction. Je n'aurais jamais cru la terre si réglée dans sa course.

M. DE GERSEUIL.

Surtout après avoir fait, depuis cette époque, un voyage de plus de deux cent dix millions de lieues.

Mme DE CROISSY.

L'immensité de ce trajet redouble encore mon admiration de la trouver si fidèle.

M. DE GERSEUIL.

Elle pourrait vous faire un compliment aussi flatteur, puisqu'au même jour de l'année, et au même instant, elle vous trouve aussi dans la même place pour l'observer.

Mme DE CROISSY.

Tenez, mon frère, croyez-moi, n'ayons pas l'orgueil de lui disputer de conduite. Si fière que soit la raison, de son fil et de son flambeau, une planète aveugle ira toujourss plus droit qu'elle.

ÉMILIE.

Oh bien, puisque cela est ainsi, mon oncle, voilà les étoiles qui commencent à paraître : je suis charmée qu'elles puissent rendre un bon témoignage de notre globe ; car enfin, si nous sommes un peu étourdis, notre terre ne l'est pas ; et peut-être que d'après son caractère on nous croira des personnages graves, pleins d'ordre et de régularité.

M. DE GERSEUIL.

C'est sur notre globe, ma chère Émilie, qu'il faudrait commencer à établir de nous une bonne opinion, sans nous embarrasser de ce que peuvent en penser les étoiles. Au reste, cette hypocrisie ne nous servirait à rien. Les étoiles ne voient pas plus notre terre qu'elles ne soupçonnent ses habitans.

CYPRIEN.

Quoi ! tandis que nous avons peut-être cinq cents lunettes en l'air pour les observer, elles ne daignent pas même nous apercevoir.

Mme DE CROISSY.

Fiez-vous maintenant aux poëtes qui s'ingèrent de porter jusqu'aux astres la gloire des femmes !

M. DE GERSEUIL.

Sans être plus crédule, pourquoi seriez-vous moins indulgente ? Si jamais ce mensonge flatteur a pu les tromper, les a-t-il jamais offensées ? Il porte avec lui sa grâce. Il naît du désir qu'on aurait de le réaliser.

CYPRIEN.

Il est pourtant bien fâcheux, mon papa, de se trouver ainsi inconnu dans l'univers.

M. DE GERSEUIL.

Console-toi, mon fils, Mars et la lune nous voient assez complètement.

ÉMILIE.

Et voilà tous les témoins de notre existence !

M. DE GERSEUIL.

Mercure et Vénus, placés entre nous et le soleil, nous distinguent peut-être, s'ils ne sont pas éblouis par la grande lumière qui les environne ; mais pour

Jupiter, Saturne et Herschell, je doute fort qu'ils aient la moindre connaissance de nos affaires.

CYPRIEN.

Et quand ils en seraient bien instruits; ce n'est pas à des planètes comme la nôtre que je suis jaloux de me faire remarquer.

Mme DE CROISSY.

Oui, je le vois, Cyprien est un de ces ambitieux qui dédaignent les hommages de leur égaux : il faut, pour les satisfaire, que leur renommée s'étende jusqu'au prince et dans les cours étrangères.

CYPRIEN.

Il est vrai : je voudrais que notre globe allât faire du bruit jusque dans les étoiles.

M. DE GERSEUIL.

Eh, mon pauvre ami! comment veux-tu qu'elles nous aperçoivent puisque cet orbe même de deux cent dix millions de lieues que la terre parcourt dans un an, quand elle le remplirait tout entier, en s'enflant d'orgeuil comme la grenouille dans la Fable, ne formerait encore qu'un point dans l'espace ?

CYPRIEN.

O ciel ! est-il possible ?

M. DE GERSEUIL.

Il me sera fort aisé dans un moment de te le démontrer.

ÉMILIE.

Mais cependant, mon oncle, parvenus à cette grandeur dont vous venez de parler, nous serions bien plus grands que le soleil. Les étoiles voient le soleil ; ainsi, à plus forte raison, serions-nous vus des étoiles ?

M. DE GERSEUIL.

Écoute, Émilie ; vois-tu là bas, à une bonne lieue, cette lampe qu'on vient d'allumer, à ce que je pense, dans la cour d'un château ?

ÉMILIE.

Oui, sans doute, mon oncle.

M. DE GERSEUIL.

Le château est bien plus grand que la lampe ; il est éclairé de sa lumière, pourrais-tu distinguer le château ?

ÉMILIE.

Oh ! non, du tout.

M. DE GERSEUIL.

Tu vois donc qu'un corps lumineux par lui-même peut être aperçu à une grande distance, tandis qu'un corps beaucoup plus considérable, qui ne fait que nous fléchir la lumière qu'il en reçoit, est invisible à nos yeux ?

ÉMILIE.

Il est vrai.

M. DE GERSEUIL.

Maintenant réduis la terre à sa véritable proportion avec le soleil. Au lieu d'être grosse pour lui comme le château l'est pour la lampe, elle ne sera plus en comparaison que ce que pourrait être la tête d'une épingle auprès d'une torche allumée. Tu peux juger, sur cette mesure, de la figure brillante que nous faisons dans l'univers.

ÉMILIE.

Ah! mon cher Cyprien! nous voilà bien revenus de nos prétentions sur les respects des étoiles.

Mme DE CROISSY.

Il me semble voir un de ces importuns de la capitale, plein de l'idée que tout le royaume a les yeux tournés sur lui, et à qui l'on viendrait dire qu'à la vérité on le connaît assez à Montrouge, que l'on a même entendu par hasard prononcer son nom à Longjumeau, mais que très-certainement sa renommée ne s'est pas étendue jusqu'à Arpajon.

ÉMILIE.

En vérité, j'en serais si honteuse à la place de mon cousin, que je voudrais me cacher même de la lune.

M. DE GERSEUIL.

Prends-y garde, Émilie; cette petite bouderie pourrait nous coûter cher.

ÉMILIE.

Et comment, s'il vous plaît mon oncle?

M. DE GERSEUIL.

C'est que si nous allons nous cacher de la lune, la lune au même instant, va se cacher aussi de nous.

ÉMILIE.

Oh! j'aurais trop de regret à sa douce clarté.

Mme DE CROISSY.

Je ne puis aussi vous déguiser mon faible pour elle. Il semble, à son air de modestie et de pudeur, qu'elle soit formée pour être le soleil des femmes.

M. DE GERSEUIL.

L'idée est assez heureuse. Combien de jolis caprices les variétés de ses phases et les inégalités de sa marche pourraient expliquer ! Vous voyez par là, mes amis, que nous n'avons rien à perdre, et que la terre n'est que trop heureuse de recevoir la lumière des astres qui l'entourent, sans aspirer vainement à s'en faire distinguer par sa splendeur.

CYPRIEN.

C'est bien dommage que nous ne soyons pas un peu plus lumineux; car, avouez, mon papa, qu'on ne saurait être placé plus avantageusement pour briller.

M. DE GERSEUIL.

Et sur quoi juges-tu ce poste si favorable?

CYPRIEN.

C'est tout simple. Il n'y a qu'à regarder la voûte céleste : on voit bien qu'elle s'arrondit au-dessus de la terre, que les étoiles y sont semées à égales distances de nous, et que nous occupons le milieu de l'univers.

M. DE GERSEUIL.

Mon fils, as-tu bien présent à la mémoire le joli paysage que tu me faisais remarquer d'ici même dans la matinée? cette colline, cette forêt, ce vieux château à demi démantelé, cette tour qui semble monter jusqu'aux nues ?

CYPRIEN.

Oui, mon papa; ce beau noyer aussi, sous lequel nous passâmes hier au soir, et dont les noix me donnaient tant d'appétit. Je n'ai pas été fâché de le revoir, quoique ce fût d'un peu loin ; car il me semblait d'ici justement tout au bout de l'horizon.

M. DE GERSEUIL.

Cela n'est pas exacte. Tu devais voir bien plus en arrière ce grand château gothique qui tombe en ruines. Tu sais qu'il est beaucoup par-delà. En le quittant, n'avons-nous pas couru un quart-d'heure en poste avant que de parvenir au noyer?

CYPRIEN.

Il est vrai ; mais ce n'est pas ma faute. On ne peut pas juger bien nettement les distances dans un si grand éloignement. On croirait d'ici, je vous assure, que l'arbre se trouve dans le même contour que la colline, la forêt, le château et la tour, avec notre terrasse au beau milieu du demi-cercle. Je l'ai bien observé.

M. DE GERSEUIL.

Que me dis-tu ? Ma sœur, combien comptez-vous d'ici à la tour ?

Mme DE CROISSY.

Près de trois lieues, mon frère.

M. DE GERSEUIL.

Et à la colline ?

Mme DE CROISSY.

Deux bonnes lieues.

M. DE GERSEUIL.

Et à la forêt ?

ÉMILIE.

Une demi-lieue seulement. J'y vais fort bien à pied.

M. DE CERSEUIL.

Et moi, j'estime, par le temps de ma route, que le château doit être à trois quarts de lieue, et le noyer à un quart de lieue et demi tout au plus. Mais quoi! ces objets, les uns si reculés, les autres si avancés, se trouvent dans le même contour! tous ces espaces si inégaux de terrain forment un horizon bien arrondi! notre terrasse est située exactement au milieu de tout cela! Cyprien, est-ce qu'il n'en serait pas de même par rapport à la courbure si régulière de cette voûte céleste? à ces étoiles qui semblent attachées à la même surface? et à nous enfin, qui nous croyons au centre sous ce beau pavillon?

CYPRIEN.

Mon papa, je n'ai rien à répondre. Si ma vue me trompe à une petite distance, elle doit bien plus m'égarer à un si grand éloignement. Mais que nous ne soyons pas au milieu juste sous les cieux, je n'en puis revenir. J'aurais parié qu'il n'y avait pas deux pouces de plus d'un côté que de l'autre.

M. DE CERSEUIL.

Voyons. Avant de nous mettre à table, nous sommes allés rendre une visite à M. le curé.

CYPRIEN.

Oh, c'est un bien honnête homme! il m'a donné une poire superbe.

M. DE CERSEUIL.

Voilà effectivement un trait qui ne laisse pas douter de sa droiture. Mais ce n'est pas de son verger qu'il s'agit ; c'est de son clocher. Tu te rappelles combien il nous a vanté la perspective qu'on a du haut de sa galerie ? Nous y sommes montés. Eh bien ?

CYPRIEN.

L'église est plus bas, et son clocher n'est pas plus haut que cette terrasse. Je l'ai vue de niveau.

M. DE GERSEUIL.

Quoi ! le point de vue n'est pas plus étendu que de l'endroit où nous sommes ?

CYPRIEN.

Non, je vous le proteste, mon papa ; c'est exactement la même chose. J'ai bien reconnu les mêmes objets à la même distance et tout au bout de l'horizon, comme ici.

M. DE GERSEUIL.

Est-ce que le clocher faisait bien le centre de ce contour ?

CYPRIEN.

Oui, mon papa.

M. DE GERSEUIL.

Tu n'en étais donc pas au centre ici ? Un cercle n'a pas deux centres.

CYPRIEN.

C'est que nous ne sommes pas loin de l'église.

M. DE GERSEUIL.

Il y a pourtant deux cents pas.

CYPRIEN.

Mais ce n'est rien par rapport au grand éloignement où étaient les objets que nous regardions.

M. DE GERSEUIL.

En sorte que, lorsque de deux points différens on

croit voir des objets fort éloignés toujours à la même distance, l'intervalle qui sépare ces deux points doit être estimé fort peu de chose? C'est comme si ces deux points n'en faisaient qu'un, n'est-ce pas, mon ami?

CYPRIEN.

Tout juste, mon papa ; vous avez clairement saisi ma raison, et je suis fort content de votre intelligence.

M. DE GERSEUIL.

Voilà qui m'encourage. En ce cas allons un peu plus loin. Tu sais, aussi bien qu'Émilie, que la terre parcourt une orbite autour du soleil : je vais la tracer ici sur le sable. Voyez-vous? C'est un ovale qu'on nomme ellipse, ainsi qu'on vous l'a dit. Bon, la voilà. On peut encore la voir assez bien à la clarté de la lune, qui se lève. Je vais mettre mon chapeau dans l'orbite, pour y représenter le soleil.

CYPRIEN.

Un beau soleil, vraiment, qui est tout noir! Attendez, attendez. (*Il se met à courir vers la maison de toutes ses jambes.*)

M. DE GERSEUIL.

Où vas-tu, Cyprien?

CYPRIEN, *de loin, sans s'arrêter.*

Je reviens à l'instant.

ÉMILIE.

Que veut donc cet étourdi?

M. DE GERSEUIL.

Attendons, crois-moi, son retour, pour voir s'il mérite d'être blâmé.

CYPRIEN, *revenant au bout de deux minutes avec un domestique qui porte un tison.*

Vous ai-je fait languir? Champagne, mettez, je vous prie, ce tison à la place du chapeau. Voilà un soleil qui vaut mieux que le vôtre, je pense, mon papa. Vous vous seriez enrhumé à le regarder : couvrez-vous, à cause du serein.

M. DE GERSEUIL.

Je te remercie, mon fils, de ton aimable attention. Ce tison pourra nous servir encore à autre chose. Attendez là, Champagne. Allons, mes enfans, voulez-vous entreprendre un voyage autour du so-soleil, pour bien reconnaître votre orbite? (*Émilie et Cyprien font le tour.*) A merveille. Champagne, reprenez maintenant ce tison, et courez au bout de l'allée : vous nous le présenterez de là.

CHAMPAGNE, *en allant.*

Oui, monsieur.

ÉMILIE.

Que voulez-vous donc faire, mon oncle?

M. DE GERSEUIL.

Tu vas voir. Champagne est-il à son poste?

CYPRIEN.

Tenez, le voilà qui nous présente déjà le tison. Oh! comme il est devenu petit!

M. DE GERSEUIL.

Je suis bien aise que tu l'aies remarqué. Approche; viens ici à ce bout de l'orbite.

CYPRIEN.

Oui; mais l'on nous a emporté notre soleil.

M. DE GERSÉUIL.

Il nous est inutile à présent. Suppose qu'il soit couché. Il faut qu'il soit nuit pour voir les étoiles. Le tison en sera une. Regarde-la bien d'abord, pour t'assurer de sa grandeur et de sa distance.

CYPRIEN.

Je l'ai assez contemplée.

M. DE GERSEUIL.

Allons, commence à marcher à petits pas sur la ligne circulaire tracée pour figurer l'orbite, en regardant toujours le tison qui fait étoile. Avance. Vois-tu l'étoile plus grande ou plus près de toi?

CYPRIEN.

Non, mon papa; elle semble toujours la même et au même point.

M. DE GERSEUIL.

Va donc plus loin encore, jusqu'à l'endroit de l'orbite opposé à celui d'où tu es parti. T'y voilà; arrête. Eh bien! l'étoile?

CYPRIEN.

Elle n'a pas changé.

M. DE GERSEUIL.

Comment, elle ne te paraît pas plus grande ni plus près de toi? Tu t'es cependant avancé vers elle.

CYPRIEN.

De beaucoup vraiment! Elle est à deux cents pieds, peut-être, et je ne m'en suis approché que de la longueur du diamètre de cette orbite, qui n'est que d'environ six pieds.

M. DE GERSEUIL.

Ces six pieds ne sont donc presque rien par rapport à la distance du tison? et sans doute ils seraient moins encore si nous reculions le tison d'une lieue; par exemple, jusqu'à ce qu'il ne parût que de la grosseur d'une étincelle.

CYPRIEN.

Toute l'orbite elle-même ne serait plus alors qu'un point insensible. Faissons les choses plus en grand, mon papa.

M. DE GERSEUIL.

Il faut te satisfaire. Je vais te donner un diamètre de soixante-six millions de lieues, celui de la véritable orbite de la terre; et, au lieu du tison qui faisait étoile postiche, je vais te donner une étoile réelle.

ÉMILIE.

A la bonne heure.

CYPRIEN.

C'est parler, cela, Voyons, voyons!

M. DE GERSEUIL.

Doucement, recueillons-nous un peu. Je me souviens de t'avoir dit, quand j'ai si *clairement saisi ta raison*, que, lorsque de deux points indifférens on croit voir des objets éloignés garder toujours la même distance, l'intervalle qui sépare ces deux points doit être estimé fort peu de chose, et que c'est comme si ces deux points n'en faisaient qu'un.

CYPRIEN.

Oui, le voilà mot pour mot.

M. DE GERSEUIL.

N'oublie pas, de ton côté, ce que tu viens de dire

toi-même, que notre petite orbite ici sur le sable ne serait plus qu'un point insensible par rapport à la distance où devrait être le tison, pour n'être vu que de la grosseur d'une étincelle.

CYPRIEN.

Je m'en souviens, et ne m'en dédis pas.

M. DE GERSEUIL.

Il est bien reconnu que le diamètre de l'orbite de la terre est de soixante-six millions de lieues. La terre, à un bout de ce diamètre, voit donc en face une étoile de soixante-six millions de lieues plus près qu'à l'autre bout.

CYPRIEN.

C'est clair.

M. DE GERSEUIL.

Eh bien, si de deux points si différens, et malgré son approchement énorme dans l'un d'eux, la terre voit toujours cette étoile garder la même distance; si, malgré la grosseur énorme de cette étoile, que je vous prouverai bientôt, elle ne l'aperçoit jamais plus grande qu'un point étincelant, les deux bouts du diamètre de son orbite, malgré l'intervalle qui les sépare, seront donc censés se confondre en un point; toute l'immense orbite elle-même ne sera donc plus que ce point devenu insensible par rapport à la distance infinie que l'étoile gardera toujours pour elle?

ÉMILIE.

Qu'as-tu à répliquer, mon pauvre Cyprien?

M. DE GERSEUIL.

Mais si cette immense orbite n'est qu'un point insensible par rapport à la distance de l'étoile, que sera donc par rapport à cette même distance le globe de la terre, qui n'est lui-même qu'un point dans l'immensité de son orbite ? Cette planète orgueilleuse croira-t-elle alors que la voûte céleste n'est faite que pour se courber au-dessus d'elle en pavillon ? que les astres y sont semés à égale distance pour lui former un superbe tableau, et qu'elle est digne d'occuper le milieu de l'univers, où elle n'est seulement pas aperçue ?

CYPRIEN.

Il faut prendre son parti; mais je me sens terriblement humilié de notre petitesse.

Mme DE CROISSY.

Pour moi, ce qui m'humilie bien davantage, c'est que tous les philosophes célèbres de l'antiquité se soient obstinés à placer notre misérable planète au centre de l'univers. Je vois que dans les plus beaux siècles de sagesse, les hommes n'étaient encore pétris que d'orgueil et de folie.

M. DE GERSEUIL.

Pythagore avait rapporté de l'Inde et de l'Égypte des idées plus saines. Il les renferma de son vivant dans l'enceinte de l'école qu'il avait fondée en Italie. Ses disciples les portèrent dans la Grèce après sa mort. Le soleil, établi par ce grand homme au centre de notre monde, voyait les planètes circuler autour de lui dans cet ordre : Mercure, Vénus, la Terre avec sa lune, Mars, Jupiter et Saturne. Il s'était mépris à la vérité sur leurs distances et sur leurs grandeurs ; mais la géometrie de son siècle n'était pas assez avancée, ni les instrumens assez perfectionnés.

Mme DE CROISSY.

A la bonne heure. Voilà toujours un sage. Et son système fut-il suivi ?

M. DE GERSEUIL.

Comment aurait-il pu réussir chez des peuples à qui leurs beaux esprits avaient enseigné, les uns, que la terre était plate comme une table, et les cieux une demi-voûte d'une matière dure et solide comme elle ; les autres, que le soleil était une masse de feu un peu plus grande que le Péloponèse ; que les comètes étaient formées par l'assemblage fortuit de plusieurs étoiles errantes ; que les étoiles n'étaient que des rochers ou des montagnes, enlevés de dessus la terre par la révolution de l'éther qui les avait enflammés ; d'autres, enfin, que les étoiles s'allumaient le soir pour s'éteindre le matin, tandis que le soleil qui n'était qu'un nuage en feu, s'allumait le matin pour s'éteindre le soir ; et qu'il y avait plusieurs soleils et plusieurs lunes pour illuminer nos différens climats ? Or, si l'astre du jour, d'après tous ces préjugés, était plus petit que la terre, faillait-il se déplacer du centre du monde pour le lui céder ?

Mme DE CROISSY.

Le peuple méritait bien son nom ; mais la philosophie n'était guère digne du sien.

M. DE GERSEUIL.

Ptolémée trouvant toutes ces opinions accréditées

au temps où il vécut, et se fondant sur le témoignage trompeur de nos sens, n'eut pas beaucoup de peine à se persuader, à lui et aux autres, que les idées de Pythagore n'étaient que des rêveries; que la terre était le centre de tous les mouvemens, soit des planètes et du soleil rangé dans leur classe, soit des étoiles et des cieux de verre qu'il souffla. Ce système se soutint pendant plus de quatorze siècles, en se chargeant de jour en jour de quelques absurdités nouvelles, que ses partisans imaginaient pour se défendre des objections les plus embarrassantes.

Mme DE CROISSY.

Mais voilà, je pense, assez de siècles pour se rapprocher beaucoup du nôtre?

M. DE GERSEUIL.

Aussi n'y a-t-il que deux cent quarante ans que nous devons à Copernic d'être revenus de l'erreur; encore a-t-elle régnée pendant quelques années sous une autre forme depuis cette époque.

Mme DE CROISSY.

Voyons, mon frère, je vous prie; je ne voudrais pas laisser échapper une seule de nos inconséquences.

M. DE GERSEUIL.

Quoique Copernic, en rétablissant le système de Pythagore, que je vous ai tout à l'heure exposé, l'eût fait servir à expliquer des difficultés insurmontables dans celui qu'il renversait, Tycho-Brahé, le plus grand observateur de son siècle, ne s'en obstina pas moins à conserver à la terre la gloire de la domination.

Mme DE CROISSY.

Ce n'étaient donc que les principes de Ptolémée de nouveau rappelés ?

M. DE GERSEUIL.

Il y avait une différence. Il ne faisait plus tourner toutes les planètes autour de la terre ; la lune seule lui restait. Le soleil, prenant les autres à sa suite, tournait autour d'elle dans une année, et se joignait au cortège des étoiles, pour lui rendre, en vingt-quatre heures, les mêmes honneurs.

Mme DE CROISSY.

Je ne vois pas que l'on gagne à ce changement ; il me paraît toujours ridicule que tant de corps énormes soient réduits à courir si vite autour de nous, qui sommes si petits.

M. DE GERSEUIL.

Vous avez fort bien saisi le vice de ce système. Cependant, comme il est fort ingénieux dans tout le reste, et qu'il était fortifié par le grand nom de celui qui l'avait établi, peut-être aurait-il gardé toujours l'avantage, si Galilée, aidé du télescope, n'eût confirmé l'ordre réel découvert par Pythagore et par Copernic dans le plan de l'univers ; si Képler, par sa pénétration, n'en n'eût soupçonné les lois, et si Newton, qui s'éleva il y a près d'un siècle en Angleterre, ne les eût démontrées avec toute la force de son génie et de la vérité.

INTRODUCTION FAMILIÈRE.

Mme DE CROISSY.

Grâce au ciel, voilà le soleil bien affermi dans son repos au milieu de notre monde ! Je puis donc maintenant en sûreté de conscience établir ma réforme.

M. DE GERSEUIL.

Comment, ma sœur, est-ce que vous auriez aussi quelque nouveau système à proposer ?

Mme DE CROISSY.

Non, mon frère ; je suis très-satisfaite de votre arrangement ; je le trouve conforme à la sagesse de la nature. Je n'en veux qu'à ce blond Phébus, qui a si vilainement trompé les pauvres humains.

M. DE GERSEUIL.

Et d'où vous vient contre lui cette belle fureur ?

Mme DE CROISSY.

Comment, depuis trois mille ans il nous aura laissé nourrir ses coursiers d'ambroisie, et cela pour les tenir à piaffer dans la cour de son palais !

CYPRIEN.

Oui, ma tante, puisqu'il ne sert pas à conduire le char de la lumière, cassons aux gages ce cocher paresseux, et supprimons-lui son attelage.

ÉMILIE.

Je ne lui donnerais pas même le chariot et les quatre bœufs de nos rois fainéans.

Mme DE CROISSY.

Mais, en ôtant son nom au soleil, quel autre lui donnerons-nous ?

M. DE GERSEUIL.

Il en est un plus digne de lui, le plus grand qu'on

ait porté dans tous les mondes. Les conquérans ont nommé les empires de la terre : les astronomes se sont partagé notre satellite (1) : le philosophe anglais demande un astre à lui seul. J'appellerais le soleil tout entier Newton.

CYPRIEN.

O mon papa! quand pourrai-je connaître ce grand homme (2)?

Mme DE CROISSY.

Vous me ravissez par cet enthousiasme pour sa gloire.

M. DE GERSEUIL.

Que je voudrais pouvoir vous peindre celui qu'il me fit éprouver l'année dernière, en contemplant sa statue à Cambridge ! Roubillac, sculpteur français,

---

(1) Riccioli, astronome italien, a donné aux principales taches de la lune des noms d'astronomes et de savans, tels que Platon, Aristote, Archimède, Pline, Copernic, Tycho, Képler, Galilée, etc.

(2) C'est dans le second volume de *l'Histoire de l'Astronomie moderne* que mes jeunes amis pourront un jour admirer le tableau des sublimes découvertes de Newton. Je croirais mériter leur reconnaissance, si je les mettais en état de lire avec fruit un des plus beaux livres de ce siècle, qui semble écrit, à la clarté pure et brillante des astres, par le génie, dépositaire des secrets des cieux.

Avec quelle joie je me plais à rendre cet hommage à M. Bailly, pour le ravissement continuel où me tient depuis quinze jours une nouvelle lecture de son ouvrage ! Après nos amis, dont la présence ou le souvenir remplit si délicieusement notre cœur, nos plus grands bienfaiteurs sur la terre

l'a représenté debout, dans une attitude sublime, fixant le soleil, et lui montrant d'une main le prisme qu'il tient de l'autre pour décomposer ses rayons. Je ne pouvais en détacher mes regards. En m'élevant de la pensée à la vaste hauteur où il a porté les connaisssances humaines, il me semblait entendre la nature lui dire en le formant : Depuis le nombre de siècles que l'homme étudie mes lois il les a toujours méconnues. Il est temps de les lui révéler.

---

sont ceux qui élèvent notre esprit à de hautes connaissances, qui l'occupent par des tableaux instructifs, ou qui le délassent par des amusemens agréables. La reconnaissance dont ils nous pénètrent est le devoir le plus doux à remplir. Que j'aimerais à me trouver devant ces illustres écrivains du siècle de Louis XIV, les premiers maîtres de ma jeunesse, pour leur exprimer les divers sentimens qu'ils m'ont inspirés! J'irais m'incliner avec respect devant Bossuet, qui, dans la rapidité de son *Discours sur l'Histoire universelle*, semble pousser et renverser devant lui les empires, pour savancer sur leurs ruines en les effaçant sous ses pas ; devant Corneille, dont le génie sait nous frapper encore sur la scène de la terreur du nom romain, comme autrefois César en nous donnant des fers ; devant Racine, qui devina les secrets de mon cœur avant ma naissance ; devant Molière, que l'antiquité fabuleuse aurait pu croire envoyé par Jupiter sur la terre pour y juger les faiblesses des humains, comme Pluton établit Rhadamante dans les enfers pour y juger leurs crimes. J'irais baiser tendrement la main de Fénelon, l'amant de la Divinité et l'ami de l'homme, puis je courrais me jeter au cou de La Fontaine, qui serait le plus naïf, le plus spirituel, le plus aimable des enfans, s'il n'était l'un des plus grands poètes et le plus vrai des philosophes.

C'est toi que j'ai fait naître pour les publier sur la terre. Va renouveler l'astronomie, agrandir la géométrie, et fonder la physique. Je te donne ces sciences avec mon génie. Tu diras quelles sont l'étendue de l'univers et la simplicité de l'ordre qui le gouverne. Tu pèseras la masse des corps immenses que j'y ai répandus, tu prescriras leur forme, tu détermineras leur volume, tu mesureras leur distance, tu soumettras à des calculs précis les inégalités même de leurs mouvemens. Au milieu d'eux tu établiras le soleil, tu diras par quelle puissance il les maîtrise, et comment il leur distribue la lumière et la vie. Pour ta récompense, je te placerai toi-même comme un nouvel astre au milieu de tous les grands hommes qui doivent te suivre. En donnant une impulsion rapide à leur génie, tu les forceras de tendre sans cesse vers le tien; et ils circuleront avec respect autour de toi pour recevoir la lumière. Quant à ceux qui voudraient s'en écarter, s'emblables à ces comètes rebelles, qui, croyant se dérober à l'empire du soleil, vont se perdre pour des siècles dans la profondeur ténébreuse de l'espace, mais qu'il ramène toujours constamment au pied de son trône, du fond de leurs erreurs ils seront forcés de revenir à toi; et on ne les verra briller d'une lueur passagère dans quelques points de leur cours, qu'en se plongeant, à ton approche, dans la splendeur de tes rayons.

En ce moment, on vint annoncer à madame de Croissy qu'elle était servie. Émilie et Cyprien auraient bien voulu qu'on eût retardé l'heure du repas, afin d'entendre plus long-temps M. de Gerseuil. Pour se délivrer de leurs instances, il fut obligé de leur promettre qu'on viendrait encore, en sortant de table, faire un petit tour de promenade, et qu'ils seraient de la partie.

DEUXIÈME ENTRETIEN.

La conversation fut très-enjouée pendant le souper, entre M. de Gerseuil et sa sœur. Ils étaient transportés de joie de l'intelligence qu'avaient montrée leurs enfans, et de l'ardeur qu'ils témoignaient pour s'instruire. D'un coup d'œil à la dérobée, ils se faisaient remarquer l'un à l'autre l'air d'empressement dont Émilie et Cyprien dévoraient les morceaux en silence, afin de hâter le moment d'aller reprendre sur la terrasse l'entretien qu'on leur avait promis. Nos petits philosophes venaient déjà d'expédier leur dessert. On voyait l'un tordre sa serviette, l'autre s'agiter d'impatience sur son siége. Peut-être madame de Croissy, amusée d'une scène aussi divertissante, prenait-elle plaisir à la prolonger. Quoiqu'il en soit, Émilie, pour ne pas perdre de temps, eut la malice de revenir sur le dépit ambitieux qu'avait eu son cousin de ne jouer qu'un personnage invisible à la face des astres. Cyprien se prêta de fort bonne grâce à la plaisanterie, jusqu'à ce qu'il vit ses parens, qu'il guettait, achever enfin leur repas. Alors se tournant tout à coup vers Émilie : Ma petite cousine, lui dit-il d'un ton assez haut pour s'attirer l'attention générale, je lisait l'autre jour une histoire que mon papa connaît sans doute, ainsi que ta maman, mais que sans doute aussi tu ignores. Je vais te la conter. Mahomet, voulant donner à son armée une preuve du pouvoir qu'il exerçait sur la nature, lui proposa d'opérer en sa présence un superbe miracle. Ce n'était rien moins que de faire accourir de loin une très-haute montage jusqu'à ses pieds. Il assemble un beau matin tous ses soldats, qui déjà criaient au prodige sur leur grand prophète ; il se met au premier rang, et commande à la montagne d'avancer. La montagne fait la sourde oreille à ses premiers ordres. Mahomet s'en étonne ; il l'appelle une seconde fois d'une voix terrible. La montagne, comme tu peux le croire, ne s'en ébranle pas d'avantage à cette nouvelle apostrophe. Qu'est ceci ? s'écria l'imposteur d'un air inspirée. La montagne ne veux pas marcher vers nous ! Eh bien, mes amis, suivez-moi marchons vers la montagne. — Je n'ai pas plus de rancune que Mahomet. Les étoiles ne nous voient pas ! Eh bien, ma cousine allons voir les étoiles.

 Il se leva brusquement de table en disant ces mots, et se précipita vers la porte, laissant Émilie toute déconcertée de cette incartade. M. de Gerseuil et madame de Croissy sourirent de sa finesse, et le suivirent dans le jardin.

La nuit était alors de la plus belle sérénité. Aucun nuage ne dérobait la vue des cieux. La lune, qui n'avait fait que paraître un moment sur l'horizon, laissait, par sa retraite, les étoiles qu'elle avait obscurcies, étinceler de tous leurs feux rayonnans. Les enfans avait cent fois admiré la magnificence de ce spectacle; mais, au moment de voir satisfaire la curiosité qu'il leur avait toujours inspirée, ils le contemplaient avec une nouvelle extase. L'étoile resplendissante de Sirius fut la première qui frappa les yeux de Cyprien. Il voulut savoir son nom; et quand il l'eût appris : Mon papa, s'écria-t-il, vive Sirius! Voilà une étoile que j'aime; elle est bien plus grande que les autres.

ÉMILIE.

Je l'aime aussi d'être la plus brillante.

M. DE GERSEUIL.

Peut-être, mes amis, n'a-t-elle pas en elle-même plus de grandeur ni d'éclat; mais c'est qu'apparemment elle est plus près de la terre. Rapprochée à la distance du soleil, elle nous paraîtrait sans doute aussi grande que lui. C'est encore beaucoup qu'elle soit si sensible à nos regards, étant au moins deux cent mille fois plus éloignée.

CYPRIEN.

Vous en parlez bien à votre aise, mon papa. Deux cent mille fois plus loin que le soleil! Et comment a-t-on pu s'en assurer?

M. DE GERSEUIL.

Je ne te cacherai pas que tous les efforts des astronomes pour mesurer la grosseur des étoiles, qui nous aurait donné une idée de leur distance, ont été inutiles ; mais cette impossibilité même prouverait seule un éloignement prodigieux, puisqu'on a su mesurer avec assez de justesse la grosseur des planètes les plus éloignées, entre autres celle de la belle planètes de Jupiter, que voici.

CYPRIEN.

Ah! c'est là Jupiter? Cependant, mon papa, Sirius paraît plus grand à simple la vue. Si l'on a pu mesurer la grosseur de Jupiter, pourquoi ne peut-on pas mesurer celle de Sirius ?

M. DE GERSEUIL.

Avant que je te réponde, fais-moi le plaisir de regarder d'ici, par la fenêtre entr'ouverte, cette bougie qui brûle dans le salon. Ne vois-tu pas autour de sa flamme une lumière confuse qui la grossit ?

CYPRIEN.

Il est vrai, mon papa.

ÉMILIE.

Oui, c'est comme le soleil qui semble s'agandir de toute sa couronne de rayons.

M. DE GERSEUIL.

Eh bien, mes amis, les étoiles étant lumineuses par elles-mêmes comme le soleil et la bougie, elles ont aussi cette irradiation qui nous les fait paraître beaucoup plus grosses qu'elles ne devraient le paraître réellement, au point qu'on estime que leur grandeur en est augmentée de près de neuf cents fois.

INTRODUCTION FAMILIÈRE.

CYPRIEN.

Ho, ho!

M. DE GERSEUIL.

Dites-moi maintenant. Lorsque la lune est dans son plein, et que par conséquent elle reluit avec le plus d'éclat, avez-vous pu remarquer une irradiation semblable autour d'elle?

ÉMILIE.

Non, jamais. Sa lueur est bien terminée dans toute la largueur de sa face.

CYPRIEN.

On peut le voir de même dans Jupiter.

M. DE GERSEUIL.

D'où vient donc cette différence?

CYPRIEN.

J'imagine que Jupiter et la lune ne faisant que nous réfléchir une lumière empruntée, cette lumière ne doit pas avoir l'agitation qui règne dans les corps brillans de leurs propres feux.

M. DE GERSEUIL.

C'est à merveille. Ainsi Jupiter n'exagère point son volume; et, si petit que sa distance le fasse paraître, les astronomes auront des instrumens d'une assez juste précision pour le mesurer; mais les étoiles, avec cette irradiation trompeuse qui les environne.....

CYPRIEN.

Est-ce qu'on ne pourrait pas venir à bout de les en dépouiller pour les voir dans leur exacte grandeur?

M. DE GERSEUIL.

Voilà précisément l'effet que produit le télescope, en réunissant et concentrant dans un point tous leurs rayons, mais alors ce point est si peu de chose! et plus le télescope est parfait, plus ce point, en devenant plus lumineux, devient aussi plus petit, jusque là qu'il ne laisse aucune prise à la mesure.

Mme DE CROISSY.

Mais par quel moyen a-t-on pu au moins établir une comparaison de distances entre le soleil et les étoiles.

M. DE GERSEUIL.

Ce moyen est très ingénieux. On connaît, par des règles sûres que je vous expliquerai dans la suites, la grandeur et la distance du soleil. On a calculé tour-à-tour de combien il faudrait le diminuer ou le reculer, pour le faire décroître jusqu'à la petitesse de Sirius. C'est d'après ces calculs qu'on a été forcé d'en conclure l'éloignement prodigieux de cette étoile, qui est cependant la plus proche de nous. La plupart des astronomes jugent même cet éloignement beaucoup plus considérable, par ce qu'il est douteux que le meilleur télescope puisse totalement dépouiller une étoile de sa lumière superflue, et nous la montrer seulement de la grandeur réelle qu'elle doit conserver pour nous à cette distance.

CYPRIEN.

Oh, puisque les étoiles sont si éloignées, je n'ai plus tant de peine à croire, comme notre ami nous l'a dit, qu'elles soient de véritables soleils. Si elles n'avaient qu'une lumière empruntée, comment les rayons par viendraient-ils jusqu'à nous avec tant d'éclat et de vivacité, après avoir traversé des espaces si immenses ?

M. DE GERSEUIL.

Fort bien mon fils; ta réflexion est très-juste. On a démontré qu'on pourrait diminuer plusieurs millions de fois la lumière d'une étoile, en la reculant de nos yeux, sans qu'elle cessât de retenir autant de clarté qu'un papier blanc vu au clair de lune.

CYPRIEN.

Celles qui nous paraissent si petites, c'est donc qu'elles sont encore plus loin que Sirius ?

M. DE GERSEUIL.

Peut-être y a-t-il un aussi grand intervalle entre elles dans la profondeur de l'espace, qu'entre Sirius même et le soleil.

CYPRIEN, *avec surprise.*

Oh, mon papa !

ÉMILIE.

Elles semblent pourtant placées l'une à côté de l'autre. Il en est même que l'on croirait doubles en les regardant.

M. DE GERSEUIL.

Je puis vous répondre à tous les deux à la fois par un seul exemple bien familier. Vous avez dû souvent remarquer du Pont-Royal les lanternes placées le long de la terrasse des Tuileries et du bord de la place Lous XV. Vous savez qu'elles sont également espacées, et que leurs mèches sont égales ?

CYPRIEN.

Cela doit être.

M. DE GERSEUIL.

Eh bien, mon fils, n'as-tu pas observé que celles de la terrasse des Tuileries, qui étaient les plus proches de toi, paraissaient avoir une lumière plus étendue et plus vive que celles de la place Louis XV.

CYPRIEN.

Oui, je me le rappelle.

M. DE GERSEUIL.

Et toi, Émilie, n'aurais-tu pas jugé que celles de la place Louis XV étaient bien plus près l'une de l'autre que celles de la terrasse des Tuileries?

ÉMILIE.

Sans doute, j'aurais pu les croire presque sous le même verre.

M. DE GERSEUIL.

Ce n'est pas tout. Supposons qu'entre les deux dernières, vous en eussiez aperçu une semblable qu'on aurait allumée à Chaillot, et qui se trouverait par conséquent encore une fois plus loin. Vous vous souvenez de ce que nous avons dit avant souper, que les objets, dans un certain éloignement, nous paraissent à une égale distance de notre œil, quoiqu'ils soient beaucoup plus reculés les uns que les autres?

CYPRIEN.

Oh! nous ne l'avons pas oublié.

M. DE GERSEUIL.

Vous concevrez donc, mes enfans, que la lanterne de Chaillot aurait dû nous paraître rangée dans la file de celles de la place Louis XV, et que vous n'auriez pu la juger plus éloignée que par la petitesse de sa flamme et l'éclat affaibli de ses rayons?

ÉMILIE.

Vous avez raison, mon oncle; cela cadre tout juste avec les grandes et les petites étoiles. Je conçois très-bien à présent qu'elles peuvent être fort reculées l'une derrière l'autre, et cependant nous paraître sur la même ligne, mais les unes plus grandes et plus brillantes, les autres plus petites et d'une clarté moins vive. Comprends-tu cela, Cyprien?

CYPRIEN, *avec un air avantageux.*

Si je le comprends, ma cousine? Oh! j'ai aussi une comparaison qui, sans vanité, vaut dix millions de fois mieux que celle de mon papa.

ÉMILIE.

Voilà qui est assez modeste.

CYPRIEN.

Sûrement, car elle peut servir pour tout notre globe, au lieu que la sienne n'est bonne tout au plus que pour la banlieue de Paris. Aussi n'ai-je pas été la prendre sur la terre.

ÉMILIE.

Oui, oui, cela est trop bas pour un génie aussi élevé que le tien. Mais nous, pourrons-nous comprendre cette comparaison céleste.

CYPRIEN.

Je vais tâcher de la mettre à ta portée. Ces étoiles

que l'on voit autour de Jupiter, ne les croirait-on pas aussi près de nous que lui-même? Si la lune paraissait à présent de ce côté, ne croirait-on pas Jupiter aussi près de nous que la lune? et s'il y avait un nuage aux environs de la lune, ne la croirait-on pas aussi près de nous que le nuage? Le nuage, la lune, Jupiter et les étoiles nous paraîtraient donc dans le même enfoncement les uns que les autres? Or, sais-tu, ma cousine, qu'il y a une grande différence dans leur éloignement?

ÉMILIE.

Oui, mon cousin, je le sais, et si bien, que je suis en état de t'apprendre que le plus gros nuage ne paraîtrait pas du tout à la distance de la lune, que la lune ne paraîtrait pas davantage à la distance de Jupiter, et que Jupiter paraîtrait encore moins à la distance des étoiles.

M. DE CERSEUIL.

A merveille, mes amis. Voilà une petite guerre dont je suis fort content. Les dernières paroles d'Émilie nous ramènent heureusement à ce que nous disions tout à l'heure, que les étoiles doivent briller d'une lumière qui leur soit propre, et que cette lumière doit être bien vive, pour parvenir jusqu'à nous d'une distance où Jupiter aurait cessé peut-être mille fois d'être visible à nos regards.

CYPRIEN.

Oh! je le vois, il n'en faut plus douter, ce sont de véritables soleils.

M. DE GERSEUIL.

Je le crois aussi. Mais ces soleils, pensez-vous qu'ils soient faits pour la terre?

ÉMILIE.

De quel avantage lui seraient-ils? Si l'on comptait sur eux pour mûrir nos raisins; on pourrait bien dire : Adieu paniers; mais c'est que vendanges ne seraient jamais faites.

CYPRIEN.

Il n'y a que leur faible lueur qui puisse nous servir. Encore la lune, du fond d'un nuage, en donne-t-elle cent fois plus?

M. DE GERSEUIL.

D'ailleurs, vous savez qu'il est des étoiles que l'on ne découvre qu'avec le télescope; et celles-là du moins nous seraient inutiles à tous égards. Ainsi donc, si ces soleils étaient faits pour nous, ils auraient sans doute été placés autour de la terre aussi près que le nôtre.

CYPRIEN.

O mon papa! je vous remercie; nous en avons bien assez d'un. Que vous a donc fait ma petite cousine, pour vouloir ainsi hâler son teint de lis? La négresse du plus beau jais que l'on connaisse aujourd'hui ne serait plus qu'une blonde fade auprès de ce que deviendrait alors ma pauvre Émilie.

ÉMILIE.

Et ces petits maîtres, comme mon cousin, qui tendent leur chapeau devant le soleil, au lieu de le mettre tout bonnement sur leur tête, combien de bras et de chapeaux il leur faudrait pour parer de tous les côtés à la fois!

M. DE GERSEUIL.

Mais si tous ses soleils, à la distance où ils sont, ne peuvent nous procurer ni chaleur ni lumière; si placés plus près de nous, ils ne servaient, selon vos folles idées, qu'à noircir le teint des dames et à embarrasser la contenance des petits-maîtres, et selon mes craintes un peu plus graves, à consumer la terre dans un moment; si, n'en déplaise encore à certains philosophes, ils ne sont pas faits uniquement pour réjouir nos regards, est-ce qu'ils seraient répandus pour rien avec une profusion si magnifique dans l'univers?

ÉMILIE.

C'est précisément ce qui m'intrigue.

CYPRIEN.

Voyons un peu à nous raviser. Puisque le soleil n'est fait que pour fournir de la lumière et de la chaleur aux planètes, si les étoiles sont des soleils, elles doivent avoir aussi des planètes à échauffer et à éclairer.

M. DE GERSEUIL.

Voilà ce que j'appelle de la philosophie.

CYPRIEN, *d'un ton badin*.

Vois-tu, ma cousine?

ÉMILIE.

Mais, mon oncle, est-ce que nous donnerions des planètes à tous ces soleils?

M. DE GERSEUIL.

Si telle est la destination de chacun d'eux en particulier, tu sens que ce doit être l'emploi de tous en général.

CYPRIEN.

Sans doute. Que ferions-nous de ceux qui ne serviraient à rien ? C'est comme si, dans les grands froids, le gouvernement faisait allumer des feux dans une place avec défense d'en approcher.

M. DE GERSEUIL.

Ou bien des lanternes dans une rue fermée où il ne passerait personne, et seulement pour donner une perspective d'illumination aux gens des quartiers voisins.

CYPRIEN.

Allons, mon papa, de l'ordre. Point de soleil sans planètes; mais à condition toutefois qu'il n'y ait pas de planètes sans soleil.

M. DE GERSEUIL.

Va, mon ami, si la sagesse du Créateur n'a pas fait un seul soleil inutile.....

ÉMILIE.

Oui, j'entends; sa bonté n'aura pas laissé une seule planète malheureuse. Me voilà tranquille à présent.

CYPRIEN.

Je le suis aussi. Je vois que tout s'arrange à merveille. Notre soleil a des planètes qui roulent autour de lui, tandis qu'elles font rouler leurs satellites autour d'elles; eh bien, si mon ami Sirius est un soleil, il fait aussi rouler autour de lui ses planètes accompagnées de leurs satellites; et il n'y aura pas d'autre soleil qui n'en fasse autant.

ÉMILIE.

Je me garderai bien de vous demander pourquoi nous voyons les soleils sans apercevoir les planètes ; je me souviens encore de la lampe et du château.

CYPRIEN.

Ta mémoire me sert fort à propos ; me voilà un peu vengé. Si nous leur sommes invisibles, nous ne leur ferons pas l'honneur de les voir. Fort bien, messieurs, ne vous découvrez pas, je n'aurai pas de salut à vous rendre.

M. DE GERSEUIL.

Je ne te croyais pas si pointilleux sur le cérémonial.

ÉMILIE, *en s'inclinant*.

Oh bien! moi, je vais risquer une petite révérence.

CYPRIEN.

Que fais-tu, ma cousine? C'est eux qui nous devraient la première pour les avoir si bien accommodés.

M. DE GERSEUIL.

En effet ; convenez que nous avons eu de l'avisement de nous assurer d'abord que ces soleils, qui nous semblent si près l'un de l'autre, sont néanmoins entre eux à des distances prodigieuses. Leurs mondes ont besoin d'être à l'aise. Vous sentez quel espace il faut pour les grands mouvemens d'un système solaire.

CYPRIEN.

Il nous est aisé d'en juger par le nôtre.

INTRODUCTION FAMILIÈRE.

M. DE GERSEUIL.

C'est le meilleur objet de comparaison. Mais as-tu bien saisi toute son entendue, et n'en es-tu pas épouvanté ?

CYPRIEN.

Moi, mon papa ? oh que non ! Depuis que vous m'avez parlé de la distance infinie des étoiles, je ne suis pas plus effrayé d'aller au bout de l'empire du soleil, que l'intrépide Cook, après avoir fait le tour de la terre, ne l'aurait été de faire un voyage sur la galiote de Paris à Saint-Cloud.

M. DE GERSEUIL.

Je crains fort qu'Émilie n'ait pas une allure aussi déterminée.

CYPRIEN.

Oh ! ma petite cousine, elle tient trop à la terre pour se hasarder si loin dans les cieux.

ÉMILIE.

Oui-dà, mon cousin. N'ai-je pas lu comme toi que la planète d'Herschell est à six cent cinquante millions de lieues du soleil ? Il est vrai que c'est la dernière.

CYPRIEN.

Bon, ma pauvre marcheuse ; si tu plantes là ta colonne, je puis te faire voir encore bien du pays.

ÉMILIE.

Et comment, s'il te plaît ?

CYPRIEN.

Jupiter et Saturne n'ont-ils pas des satellites ou des lunes qui les éclairent d'une lumière empruntée du soleil, pour suppléer à la faible clarté qu'ils peuvent recevoir de cet astre? Herschell en est beaucoup plus éloigné. Il est donc vraisemblable qu'il a aussi des satellites que nous ne connaissons pas encore, et en plus grand nombre peut-être ; et lorsque le dernier de ces satellites se trouve derrière sa planète, n'est-il pas reculé à une bien grande profondeur dans l'espace ? Me voilà pour le coup aux bornes de notre monde.

M. DE GERSEUIL.

Hélas! mon cher ami, je crains de troubler ta gloire, mais tu en es bien loin encore.

CYPRIEN.

Et que voyez-vous au-delà du poste où je me suis avancé?

M. DE GERSEUIL.

D'autres planètes, peut-être, qui nous sont inconnues. Mais ne parlons que de ce qui est découvert (1).

CYPRIEN.

Ah! voyons, voyons, je vous prie.

M. DE GERSEUIL.

As-tu donc oublié ces comètes dont la révolution autour du soleil est de plusieurs siècles ?

---

(1) Dans ces dernières années, deux savans astronomes, nommés Razzi et Olbers, ont découvert deux planètes non observées jusqu'à ce jour; et qui sait combien on parviendra à en découvrir encore?

INTRODUCTION FAMILIÈRE.

CYPRIEN.

Vraiment oui ; je n'y pensais plus.

M. DE GERSEUIL.

Je ne veux pas citer celle de 1769, à qui l'on donne une période d'environ cinq cents ans ; encore moins celle de 1680, à qui l'on en suppose une de cinq cent soixante-quinze. Ne parlons que de celle qui fut observée pour la première fois en 1264, qui reparut en 1556, qu'on attend en 1848, et dont la période est par conséquent de deux cent quatre-vingt-douze années.

CYPRIEN.

C'est bien assez, je crois.

M. DE GERSEUIL.

Du point où elle se trouve le plus près du soleil à chacune de ces époques, faisons-la partir pour sa révolution de près de trois siècles, et partageons ce nombre en deux, moitié pour son éloignement, moitié pour son retour. Voilà donc près d'un siècle et demi que cette comète emploie à s'écarter du soleil.

CYPRIEN.

Oh ! c'est clair, puisque Herschell ne met que quatre-vingt-deux ans à faire sa révolution ; la différence est grande.

M. DE GERSEUIL.

Plus que tu ne penses encore ; car le mouvement des comètes ne se fait pas, comme celui des planètes, dans une ellipse peu différente d'un cercle parfait ; ce qui les tiendrait à une distance presque toujours égale du soleil. Il se fait dans une ellipse excessivement allongée; ce qui augmente à chaque instant leur éloignement, jusqu'à ce qu'elles atteignent le point de leur courbure, d'où le soleil les force de remonter vers lui par la branche opposée; mais à ce point si reculé, où elles cèdent pourtant à la puissance que le soleil exerce toujours sur elles, elles doivent se trouver bien plus loin encore des soleils des mondes voisins; car autrement le plus proche les forcerait d'entrer dans son empire. A cette distance, à laquelle notre comète n'est parvenue qu'au bout de près d'un siècle et demi, il faut donc qu'elle laisse encore derrière elle un espace immense désert, pour servir de frontière entre le système dont elle dépend et celui qui l'avoisine de ce côté. Rapporte cette mesure à tous les autres mondes, et conçois, si tu l'oses, quelle doit être l'immensité de chacun d'eux.

Mme DE CROISSY.

Mais, mon frère, est-ce que vous les croyez tous aussi grands que le nôtre?

M. DE GERSEUIL.

Rappelez un peu votre philosophie, ma sœur. De quel front l'homme prétendrait-il que l'empire de son soleil fût le plus vaste, lorsqu'il n'en habite lui-même qu'une des moindres provinces? La marche de son orgueil est assez singulière. Tant qu'il a cru tous les corps célestes faits pour lui seul, il a cherché de siècle en siècle à les agrandir: aujourd'hui que l'astronomie démontre qu'ils lui sont étrangers, il n'aspire qu'à resserrer leur étendue.

Mme DE CROISSY.

Je ne puis rien opposer à votre raisonnement, mais cette immensité me confond, et peut-être allez-vous m'accabler encore. Combien comptez-vous d'étoiles ?

M. DE GERSEUIL.

Les observateurs les plus sûrs et les plus scrupuleux en ont compté plus de trois mille dans notre hémisphère, et dix mille dans l'hémisphère opposé.

Mme DE CROISSY.

Grand dieu ! treize mille soleils, treize mille mondes dans l'univers !

M. DE GERSEUIL.

Et les étoiles que l'on entrevoit à peine avec le télescope ! celles que cet instrument perfectionné nous ferait encore découvrir ! les milliers qui se trouvent comprises dans ces petits nuages que vous voyez, auxquels on a donné le nom de Nébuleuses, et dans ceux que l'on ne découvre qu'à l'aide des instrumens ! les millions qui sont renfermées dans la voie lactée ! Je conçois que l'imagination soit épouvantée de ce calcul. A l'aspect d'une haute montage, l'homme ne peut se défendre d'un secret saisissement ; la pensée de l'étendue de la terre le fait frémir ; l'Océan et ses profondeurs le glacent d'effroi ; cependant qu'est ce globe entier auprès de la masse brûlante du soleil, quatorze cent mille fois plus grande ? et l'étendue occupée par cet astre si volumineux, que sera-t-elle en comparaison de l'espace où nagent les corps soumis à son empire! Mais tandis qu'il fait circuler autour de lui ses planètes, entourées de leurs satellites; s'il était emporté lui-même avec d'autres soleils, suivis, comme lui, de leur cortége, autour d'un autre corps plus puissant qu'eux tous à la fois?

Mme DE CROISSY.

Quoi, mon frère, notre soleil, et ceux de tous ces mondes, ne seraient aussi que des planètes errantes à travers les cieux? Ne craigniez-vous pas que votre imagination ne soit la seule en mouvement de tous ces voyages?

M. DE GERSEUIL.

Et que diriez-vous, si cette conjecture proposée par Halley, digne précurseur du grand Newton, soutenue par M. Lambert, l'un des plus grands géomètres de ce siècle, était devenu l'opinion de ce que nous avons aujourd'hui d'astronomes les plus distingués, tels que MM. de la Lande et Bailly, et du sage, profond et religieux contemplateur de la nature, M. Bonnet de Genève?

Mme DE CROISSY.

De si grands noms m'en imposent sans doute; mais sur quels fondemens cette idée serait-elle établie?

M. DE GERSEUIL.

Le mouvement de rotation qu'on a reconnu dans le soleil, suffirait seul pour la rendre vraisemblable. La nature a imprimé ce mouvement à tous les corps transportés dans une orbite autour d'un corps plus puissant qui les maîtrise. Elle l'a donné aux satellites, en les faisant circuler autour de leurs planètes; elle l'a donné aux planètes, en les faisant circuler autour du soleil : toujours simple, uniforme et constante dans ses grandes lois, l'aurait-elle donné au soleil pour rester immobile? Toutes les planètes tournent sur elles-mêmes dans le mouvement qui les emporte autour de lui, pour en recevoir successivement la chaleur dans toutes leurs parties, or, puisqu'il tourne aussi sur lui-même, ne serait-ce pas en marchant autour d'un autre corps supérieur?

Mme DE CROISSY.

Ces conjectures me paraissent assez naturelles et assez importantes pour désirer qu'elles fussent appuyées sur quelque observation.

M. DE GERSEUIL.

Eh bien, soyez satisfaite. Il est déjà trois des plus grandes étoiles, Sirius, Arcturus et Aldébaran, dont le mouvement dans l'espace est constaté. Il est très-sûr qu'Arcturus s'avance toutes les années de plus de quatre-vingt-dix millions de lieues vers le midi. Dans l'éloignement prodigieux où sont ces étoiles les plus proches de la terre, leur déplacement est à peine sensible au bout de quelques années; jugez si les autres étoiles, infiniment plus distantes, ne peuvent pas avoir un mouvement aussi considérable, sans qu'il soit sensible pour nous avant des siècles entiers d'observation.

Mme DE CROISSY.

Puisque le mouvement de ces grandes étoiles est si certain, je n'ai rien à vous opposer sur ce sujet. Je conçois même, d'après votre réflexion, que les plus petites pourraient se mouvoir, sans que ce déplacement fût remarquable de long-temps à nos yeux, à cause de leur inconcevable distance. Mais n'est-ce pas assez, pour vous satisfaire sur l'immensité de l'univers, que certaines étoiles soient emportées dans une orbite dont l'imagination ne peut se représenter l'étendue? Voulez-vous encore troubler le repos des autres?

M. DE GERSEUIL.

C'est qu'il m'en coûterait d'avantage d'outrager la nature. Pour reconnaître sa sagesse, vous avez été forcée de convenir que si les étoiles sont des soleils comme le nôtre, et que l'une d'elles ait, comme lui, un monde planétaire à gouverner, toutes les autres doivent avoir les mêmes fonctions à remplir : ne l'accuseriez-vous pas maintenant d'une inconséquence bien étrange, en donnant le mouvement à quelques étoiles, tandis que les autres, avec la même destination, resteraient immobiles? Mais prenez-y garde, ma sœur, le repos que vous accordez à celles-ci par faiblesse, est une destruction violente dont vous les frappez.

Mme DE CROISSY.

Vous m'effrayez, mon frère.

M. DE GERSEUIL.

Au milieu de tous ces soleils arrêtés dans une immobilité absolue, n'en supposons qu'un seul en mouvement. Tel qu'un conquérant qui traverse sans désordre ses propres états, en marchant à des dévastions étrangères, il s'avance d'abord paisiblement dans son empire; mais aux premières bornes du monde voisin qu'il rencontre, voyez-le engloutir dans sa masse de feu toutes les planètes de ce système, à mesure qu'il y pénètre, et courir bientôt dévorer sur son trône immobile ce soleil même qu'il vint de dépouiller. Dès lors l'équilibre de la machine universelle est détruit. Ces systèmes qui se balançaient par l'égalité de leurs forces, comment pourront-ils résister à l'usurpateur, accru d'un monde envahi, et poussé d'une impétuosité nouvelle dans sa course? Comme un brasier ardent attire la paille légère, il voit les mondes qui bordent son passage se précipiter en foule dans le torrent de ses flammes. Il marche d'embrasemens en embrasemens, foyer errant du grand incendie de l'univers.

Mme DE CROISSY.

Oh! je vous en conjure, hâtez-vous de rendre le mouvement à tous ces soleils, que voulait arrêter ma folie. Surtout ne ménageons pas la course du nôtre: Qu'il fuie le désastre épouvantable où je l'exposais. Hélas! je tremble maintenant que ses pas ne soient trop ralentis par le grand attirail de son cortége.

M. DE GERSEUIL.

Tranquillisez-vous, ma sœur. Sa force est proportionnée à la masse des corps qu'il entraîne. La terre, soixante fois seulement plus grosse que la lune, la contraint bien de la suivre; Saturne fait bien marcher avec lui son anneau et ses satellites; Jupiter est-il jamais abandonné des siens? Si ces planètes, par leur masse dominante, obligent les corps de leur suite de les accompagner dans leur révolution autour du soleil, le soleil, avec une masse beaucoup plus considérable que celle de toutes les comètes, de toutes les planètes, et de tous leurs satellites ensemble, ne saura-t-il pas les emporter avec lui tous à la fois autour de l'astre assez puissant pour le dominer?

Mme DE CROISSY.

Ainsi le maître de tant d'esclaves ne serait qu'un esclave à son tour?

M. DE GERSEUIL.

Quelque mouvement que vous lui donniez dans l'espace, il faut nécessairement que ce soit autour d'un corps supérieur, centre de son orbite comme il est lui-même le centre des orbites de tous les corps soumis à sa domination. C'est une loi invariable que la nature a suivie dans tout le système de l'univers. Les comètes, ces astres dont le cours est le plus irrégulier, selon nos idées, y sont soumises dans leurs plus grands écarts. En marchant sur une ligne presque droite vers l'extrémité de leur ellipse, elles suivent toujours une orbite qui leur est tracée autour du soleil.

Mme DE CROISSY.

Quoi donc! pour chaque soleil aurait-il fallu

créer un corps supérieur, autour duquel se fit sa révolution?

M. DE GERSEUIL.

La nature a plus de ressources dans ses moyens. Plusieurs planètes, avec leurs satellites, circulent autour du même soleil; plusieurs soleils, avec leurs planètes, circuleront autour du même corps supérieur; plusieurs corps supérieurs, avec leurs soleils, circuleront autour d'autres corps supérieurs encore. Cette gradation de système de corps supérieurs croissant toujours en volume, et décroissant en nombre, ira se terminer au corps central universel, sur lequel sans doute repose le trône de l'Être suprême, qui, d'un regard, embrassa tout son admirable ouvrage.

Mme DE CROISSY.

Mais avec cette inconcevable multiplicité de mouvemens et d'orbites, comment préviendrez-vous le désordre?

M. DE GERSEUIL.

Comme cet amiral qui conduisait la flotte la plus nombreuse qu'eût jamais portée l'Océan. Elle était formée de trois divisions, composées chacune de plusieurs vaisseaux de ligne, d'une quantité prodigieuse de frégates, et d'un nombre infini de navires marchands, avec leurs chaloupes. Il voulut un jour leur faire exécuter une évolution générale. Il ordonna à ses trois vice-amiraux de marcher en un grand cercle autour de lui sur leurs vaisseaux de commandement. Chacun de ces vice-amiraux donna le même ordre à tous les vaisseaux de ligne de sa division, chaque vaisseau de ligne à plusieurs frégates, chaque frégate à plusieurs navires marchands, et chaque navire marchand à toutes ses chaloupes. Ils prirent un espace assez vaste pour pouvoir exécuter librement ces manœuvres, et elles se firent avec la précision la plus rigoureuse. Cette évolution paraissait sans doute bien compliquée aux derniers navires. Ils devaient n'apercevoir que des mouvemens bizarres et confus à travers tous ces corps flottans. Vous voyez toutefois qu'elle était de la plus extrême simplicité. L'amiral n'avait eu besoin que d'un seul ordre, d'un signal unique. Les chaloupes n'avaient qu'à marcher à diverses distances autour de chacun des navires marchands dont elles dépendaient, tandis que plusieurs navires marchands circuleraient autour de chaque frégate, plusieurs frégates autour de chaque vaisseau de ligne, les vaisseaux de ligne autour de chacun des vice-amiraux de leur division, et ceux-ci enfin autour du grand amiral.

Mme DE CROISSY.

Cette comparaison débrouille à mes yeux tout le système de l'univers. Mais comment concevoir cette gradation de corps plus puissans les uns que les autres, dont le volume énorme du soleil ne serait que le terme moyen ?

M. DE GERSEUIL.

Votre imagination n'a-t-elle pas déjà fait un effort plus courageux, en s'élevant à l'immensité du soleil même, incontestablement reconnue aujourd'hui ? Cet astre, que les anciens croyaient moindre que la lune, et infiniment plus petit que la terre, cet astre pourrait former plus de quatorze cent mille globes de la terre, ou plus de quatre-vingt millions de globes de la lune. Quelle progression de grandeurs peut maintenant vous arrêter ? Si chaque nouvelle erreur dont l'homme se désabuse éclaire son intelligence ; si chaque nouveau degré de faiblesse qu'il surprend dans ses organes, agrandit son génie, pourquoi craindrait-il de donner un plus noble essor à son génie et à son intelligence ? Avant l'usage du microscope, ne bornait-il pas la nature animée au dernier insecte que ses yeux lui permettaient d'apercevoir ? Aujourd'hui, combien de millions de créatures il aperçoit encore au-dessous de cet insecte ? Une goutte d'eau préparée, dont rien ne semble altérer la transparence, lui montre une mer peuplée de ses baleines : une parcelle de fruit moisie lui présente, pour ses habitans, une montagne couverte de forêts, comme l'est pour nous l'Apenin, qui va cacher son front dans les nuages. Il voit ces petits animaux dont il était si loin de soupçonner l'existence, en dévorer d'autres plus petits ; il les voit pourvus d'organes propres à tous leurs besoins, chargés de milliers d'œufs prêts à éclore, pour entretenir une prodigieuse population. Frappé de surprise à cet aspect, si le microscope lui échappe des mains, qu'il prenne le télescope, et qu'il découvre, pour la première fois, dans les cieux, une foule innombrable d'étoiles inconnues, derrière lesquelles il s'en dérobe encore un nombre mille fois plus grand, qu'il ne verra jamais. De quel côté oserait-il maintenant, dans son audace, limiter la création? Si le temps est sans fin pour l'Éternel, pourquoi l'espace et la matière auraient-ils des bornes pour le Tout-Puissant? L'un est-il moins digne que l'autre de sa gloire? Les siècles que peuvent embrasser nos calculs ne sont peut-être à la durée de l'éternité que ce que les espaces occupés par ces millions de mondes que nous pouvons entrevoir sont à l'étendue de l'infini.

Mme DE CROISSY.

O mon frère, quelle sublime idée vous me faites concevoir de l'Être suprême.

M. DE CERSEUIL.

Vous n'avez pu encore admirer que sa puissance dans le nombre et la grandeur dans ces corps prodigieux qui peuplent l'univers; mais quelle sagesse bien plus admirable il a fait éclater dans l'équilibre où les maintient l'accord immortel de leurs mouvemens. Jetez d'abord les yeux sur notre système solaire. Outre les sept planètes et leurs satellites qui le parcourent sans cesse dans un ordre immuable, voyez-y circuler en tous sens plus de soixante comètes dont les pas ténébreux sont marqués. Combien il en circule infiniment davantage que nous n'avons pas encore observées! La géométrie démontre que, par la forme de leurs orbites, un million de ces corps peut se mouvoir autour du soleil sans que leur cours s'embarrasse. Élancez-vous maintenant sur les ailes de la pensée; traversez tous ces mondes où règne intérieurement la même harmonie; allez vous prosterner au pied du trône du Créateur, pour assister à leur marche universelle : cette noble audace est un hommage que vous rendrez à sa gloire. Un rayon de son œil va vous éclairer. Oh! le magnifique spectacle qui se dévoile tout-à-coup à vos regards! Ces étoiles qui ne vous paraissaient d'ici-bas que des flambeaux immobiles, les voyez-vous, comme des soleils dans toute leur grandeur, s'avancer en silence, suivis de leur cortége planétaire, autour des soleils plus puissans, qui les emportent autour d'autres soleils encore plus glorieux? Quelles justes proportions entre ces provinces, ces empires et ces mondes célestes! quelle majesté de domination et même de dépendance! comme tous ces orbes s'embrassent sans se confondre! Quelle sera donc la chaîne invisible assez forte pour lier toutes ces parties d'un tout infini? Le grand Newton nous l'a révélée. C'est un seul principe de tendance mutuelle que le Créateur répandit dans tous ces corps. Combiné avec l'impulsion qu'ils reçurent une fois pour toujours en sortant de ses mains, réglé par le rapport de masses et de distance, il est l'agent universel de la nature. C'est lui qui tend à réunir tout ce que le mouvement voudrait séparer. En se balançant dans l'exercice perpétuel de leurs forces, ces deux puissances conservent entre les mondes l'ordre établi dès la création. Chacun d'eux attire à lui tous les autres, ainsi qu'il est attiré. Une correspondance générale d'attractions réciproques les unit en les divisant. Leurs sphères s'étayent sans se pénétrer. Les soleils qui les illuminent se réfléchissent leurs rayons, pour qu'un seul atome de lumière ne soit pas en vain dissipé dans l'espace. Il semble que l'éternel ait voulu tracer dans cette même loi le plus grand principe de la morale humaine. « Mortels, aidez-vous mutuellement de vos lumières et de vos forces, tendez les uns vers les autres, sans vous écarter de la sphère où vous a placés ma providence. Cet ordre est établi pour votre bonheur, comme pour le maintien de l'univers. »

Les deux enfans n'avaient pas laissé échapper une seule parole pendant la dernière partie de cet entretien ; mais leur silence n'était pas une distraction : il était l'effet de l'impression de surprise dont ils avaient été frappés, et de l'attention qu'ils avaient donnée au magnifique tableau qu'on venait de leur offrir. M. de Gerseuil craignit cependant que la rapidité de son discours n'eût fait perdre quelque chose à leur intelligence ; et dès le lendemain, en se levant, il écrivit de mémoire les deux entretiens de la veille et les donna à Émilie et Cyprien, qui les lurent et relurent souvent avec la plus grande attention.

FIN.

TABLE

DES MATIÈRES CONTENUES DANS CE VOLUME.

PRÉFACE adressée aux parens. . . . . *Pages*	5
Introduction familière à la connaissance de la nature.	9
La prairie.	11
Le Champ de blé.	13
La Vigne.	19
Les Légumes et les Herbages.	20
Le Chanvre et le Lin.	21
Le Coton.	22
Les Haies.	23
Les Arbres de haute futaie.	24
Les Bois taillis	27
Le Verger.	28
Les Pépinières et la Greffe.	30
Les Fleurs.	32
Les Carrières.	35
Les Mines de charbon et de sel.	36
Les Mines de métaux.	37
Les Mines de pierres précieuses.	39
Les Bœufs.	40
Les Brebis.	43
Le Cheval.	45
L'Ane.	48
Le Chien.	49
Le Cerf.	50
Le Chat.	52
L'Eléphant.	54

La Chameau...	55
La Poule...	57
Le Pan, le Coq-d'Inde, le Faisan, le Pigeon...	62
Le Cigne, l'Oie, le Canard...	63
Les Oiseaux de passage...	65
Les Oiseaux étrangers...	65
Le Colibri...	66
L'Autruche...	69
Les Nids d'oiseaux...	72
Les Abeilles...	76
Les Papillons, les Chenilles et les Vers à soie...	80
La Terre...	87
La Mer...	89
Les Poissons...	105
La Baleine...	106
La Morue...	108
Le Hareng...	109
L'Huître...	113
La Moule...	117
La Nautile...	118
La Tortue...	119
Les Coquillages...	125
Plantes marines...	129
Le Corail...	130
Le Soleil...	133
La Lune...	153
Les Éclipses...	156
Les Planètes...	159
Les Comètes...	165
Les Étoiles fixes...	170
Le Système du monde mis à la portée de l'adolescence...	180
Premier entretien...	185
Deuxième entretien...	209

FIN DE LA TABLE.

www.ingramcontent.com/pod-product-compliance
Lightning Source LLC
Chambersburg PA
CBHW071910160426
43198CB00011B/1250